国家社会科学基金项目（18BMZ125）研究成果

国家通用语言文字推广普及路径研究

沈燕萍　程祺景　马美玲　著

经济日报出版社

北京

图书在版编目（CIP）数据

国家通用语言文字推广普及路径研究 / 沈燕萍，程祺景，马美玲著. -- 北京：经济日报出版社，2025.2
ISBN 978-7-5196-1378-5

Ⅰ．①国… Ⅱ．①沈… ②程… ③马… Ⅲ．①汉语－少数民族教育－研究 Ⅳ．①H19

中国国家版本馆CIP数据核字（2023）第227193号

国家通用语言文字推广普及路径研究
GUOJIA TONGYONG YUYAN WENZI TUIGUANG PUJI LUJING YANJIU

沈燕萍　程祺景　马美玲　著

出版发行	经济日报出版社
地　　址	北京市西城区白纸坊东街2号院6号楼
邮　　编	100054
经　　销	全国各地新华书店
印　　刷	天津裕同印刷有限公司
开　　本	710mm×1000mm　1/16
印　　张	13
字　　数	220千字
版　　次	2025年2月第1版
印　　次	2025年2月第1次
定　　价	68.00元

本社网址：www.edpbook.com.cn　微信公众号：经济日报出版社
请选用正版图书，采购、销售盗版图书属违法行为
版权专有，盗版必究。本社法律顾问：北京天驰君泰律师事务所，张杰律师
举报信箱：zhangjie@tiantailaw.com　举报电话：（010）63567684
本书如有印装质量问题，由我社事业发展中心负责调换，联系电话：（010）63538621

前　言

国家通用语言文字作为中华优秀传统文化的载体，在中华民族的交流、交往和交融中承载着传播、传承的功能，对内承担着铸牢中华民族共同体意识的使命，对外肩负着"讲好中国故事"的责任和愿景。1982年，《中华人民共和国宪法》第十九条规定"国家推广全国通用的普通话"，将推广普通话作为基本国策和法定工作。2001年，《中华人民共和国国家通用语言文字法》确立了国家通用语言文字的法定地位，确定了普通话、规范汉字在多语种交流、交往和交融中的主体地位。一方面推广普及国家通用语言文字（以下简称"推普"）、提升其推普程度和质量有了法律依据，另一方面也奠定了汉语与民族语言翻译的逻辑关系。

《国务院办公厅关于全面加强新时代语言文字工作的意见》（以下简称《意见》）强调了立足于国家繁荣发展根基的定位和基础性、全局性、社会性、全民性特点，明确了推普不局限于某一时空、专业领域和民族人群，以及2025年普通话在全国普及率达到85%的目标。

随着西部大开发、城镇化的深入演进，尤其是乡村振兴战略的全面实施，"村村通"等国家系统工程落地越来越频繁，无论是基层还是边远地区，人们都与外界市场接触的机会越来越多，涉及面越来越广，对生存品质的要求越来越高。这一客观背景下，一方面越发凸显语言障碍及语言援助的供需矛盾，不仅影响语言的竞争力与公共管理行政服务的效率，还会影响语言和谐与民族融合的程度；另一方面也前所未有地凸显出对推普内在的需求和全面推普的积极意义。因此，针对区域语言特征和不同水平的语言基础，根据协同效应理论，除了依赖教育体系直接的推普路径，还可以借助语言翻译服务的推普路径，特别是借助文旅等互动性强的特征，将推普嵌入产业，实践多快好省地补齐民族地区、农村边远地区、重点人群的国家通用语言文字短板。

"公共文化服务体系"是满足公共文化需求，由公共组织机构使用公共权力与公共资源向公民提供公共文化产品的服务行为及其相关制度与系统的总称。作为公益性的文化服务载体，公共文化服务体系由各个子系统组成。每个系统又由不同层级构成，每个层级都是一个系统工程，遵循运行规律自成体系。当语言困境制约跨文化活动，制约政治、经济、社会活动时，公共文化服务体系将赋予翻译承载服务的功能。这为语言翻译置于文化范畴层面，语言翻译机构依托公共文化服务体系，优化汉藏-藏汉翻译公共文化服务体系（以下简称汉藏-藏汉翻译服务体系），通过协同效应摆脱语言援助困境，全面推普，减少语言障碍，满足人民群众日益增长的文化需求的实践路径拓宽了思路，提供了启示。

本书以政策为依据，通过7个章节阐述汉藏-藏汉翻译服务体系及其服务与推普、国家通用语言文字全覆盖与解决语言援助困境及语言障碍的关系。从公共文化服务体系视域，借助语言翻译文化援助的思路，优化汉藏-藏汉翻译服务体系，为政府主导、全民参与的国家通用语言文字普及拓宽了路径。

目 录

第1章 绪论 ··· 1
- 1.1 选题缘起 ··· 3
- 1.2 研究意义 ··· 9
- 1.3 研究内容与研究方法 ··· 11
- 1.4 重点、难点 ·· 13
- 1.5 创新与不足 ·· 14
- 1.6 小结 ·· 16

第2章 理论基础和国内外文献研究 ·································· 17
- 2.1 理论基础 ··· 19
- 2.2 国内外研究现状 ··· 43
- 2.3 小结 ·· 53

第3章 国家通用语言文字推广普及路径的基础 ···················· 55
- 3.1 信息来源 ··· 57
- 3.2 国家通用语言文字推广普及路径的现实基础 ················· 58
- 3.3 国家通用语言文字推广普及路径的专业基础 ················· 71
- 3.4 小结 ·· 75

第4章 语言翻译服务路径的基础 ······································ 77
- 4.1 语言翻译服务机构体系架构现状 ································ 79
- 4.2 语言翻译服务体系之短板 ··· 102
- 4.3 语言翻译服务路径的认识误区 ···································· 107
- 4.4 小结 ·· 109

第5章　国家通用语言文字推广普及路径的问卷分析 …… 111
　5.1　语言翻译服务指标体系优化的基础 …… 113
　5.2　语言翻译服务指标体系优化 …… 118
　5.3　检验 …… 130
　5.4　指标权重的确定 …… 139
　5.5　判断矩阵构建及权重的求解 …… 144
　5.6　综合评价 …… 154
　5.7　结果分析 …… 156
　5.8　小结 …… 160

第6章　国家通用语言文字推广普及路径有效运行对策建议 …… 163
　6.1　建议以国家力量为主的运行模式 …… 165
　6.2　建议最大收益函数汉语言学习的行为模式 …… 168
　6.3　健全语言翻译服务组织机构的对策 …… 170
　6.4　制定基本译规对策 …… 171
　6.5　专业人才队伍梯度化对策 …… 172
　6.6　编纂辞书对策 …… 174
　6.7　发挥效能评价的导向作用 …… 174
　6.8　小结 …… 176

结论与展望 …… 177

后　记 …… 183

参考文献 …… 185
　一、国外文献 …… 185
　二、国内文献 …… 188

第1章
绪论

语言是一种社会现象，可以反映社会现实。语言是文化的产物，又受文化的影响。和谐的语言为社会文化的发展、社会的公共生活和共同操守，提供了良性的语言生态环境。语言障碍现象以及语言援助困境不仅是导致这个地区贫困发生的关键问题之一，也是影响公共服务效率的关键因素。由此造成的信息差，直接影响文化的有效传播和传承，影响政治安全、经济发展和社会稳定。国家通用语言文字是语言障碍人群摆脱语言困境，走出封闭，实现可持续性脱贫，提高生存品质最直接、最有效的核心能力，推普是最直接最有效的路径。基于此，本书具有最朴实的意愿，即探讨语言扶贫路径，为人民服务。本章演绎的研究思路，在现实困境和政策要求的背景下，根据调研，基于语言障碍人群自身的文化程度，所处的自然环境、生计模式、成本效益原则，受国家公共文化服务体系建设全覆盖的启发，基于理论意义和现实意义，从学术的视角探讨适合其提升国家通用语言文字运用能力且易于接受的语言援助方式。这也是解决基层群体生产生活中语言障碍的最直接、简单的模式。这为后续研究搭建章节的内容结构，起到了提纲挈领的作用。

1.1　选题缘起

1.1.1　现实困境

1.1.1.1　公共救援语言援助困境

　　国家通用语言文字，简言之普通话和规范汉字，亦为普通话，或汉语言、汉语。本书提及的语言障碍、语言困难、语言困境或语言屏障，即"语言沟通障碍"。概括地说，是在藏语环境中，没有掌握国家通用语言文字而难以直接交流、沟通，无法及时有效传递信息的语言现象。跨越语言障碍的办法，首先是直接运用国家通用语言文字，当语言障碍人群一旦陷入语言困境，就会求助语言翻译。

　　2010年4月14日7时49分，青海省玉树藏族自治州发生7.1级地震，其中，语言障碍加剧了极端的自然环境对抗震救灾的消极影响，成为备受关注的焦点问题。地震发生后，在党中央、国务院和中共中央军事委员会的统一部署和领导下，在各级人民政府的协调和配合下，救灾人员、医疗人员、心理救援人员、后勤保障人员等云集灾区，各种民间团体和志愿者也纷纷加入救灾行列。由于当地居民94%是藏族，甚至有的乡村100%是藏族，其中大多不会说汉语，本民族语言单语现象非常突出，且语文水平参差不齐。在这里语言就变得非常具有挑战性，临时的救急或者求救就会显得很艰难。救援中，"语言沟通障碍"现象备受关注。随着"语言沟通障碍"问题的暴露，汉藏-藏汉翻译援助资源供不应求的问题也暴露了出来。生命救助对汉藏-藏汉翻译援助的迫切需求，瞬间凸显了出来。

不可控因素导致的公共危机不止于自然灾害，风险无处不在，无时不在。国际格局加速演变，不稳定不确定因素持续上升，国内外环境日益复杂，内外部因素相互叠加渗透、深度依存，风险挑战明显增加。玉树抗震救灾作为演绎语言障碍的广度、深度和语言援助供需现状的典型案例，为此背景提供了经验和风险提示：任何风险一旦发生，这个地区还会有依赖语言援助的不可忽视的需求。为此，研究多、快、好、省地推普路径，压缩语言援助的供需缺口迫在眉睫；研究防范可预见的语言援助困境风险路径不容忽视。

1.1.1.2 语言援助与时俱进的困境

多民族聚居区，存在多语种并存现状。在汉语言短板地区，语言障碍和语言援助困境如影随形，人们习惯于这种自然的语言生活状况，而此状态影响着日常的生产生活。因此，语言援助需求在基层社会普遍存在。以青海六州地区为例，这是一个多民族共同聚居、相伴共生的地区，拥有丰富的多民族资源，各州民族组成具有结构性差异。如海南州有26个民族，海西州有29个民族、黄南州有15个民族，果洛州有14个民族；民族结构及其人口分布的集中度也有其极端属性，截至2019年末，玉树州藏族人口占全州人口的98.15%，果洛州藏族人口占全州人口的91.84%，黄南州藏族人口占全州人口的68.61%，海南州藏族人口占全州人口的67.99%（如表1-1所示）。这就决定了民族语言结构差异的极端属性和藏语言的本民族语言单语的语言生活特征及语言障碍人群的分布特征。语言障碍人群主要分布于6州，集中于29个牧区县，尤其是18个纯牧业县，但不止于此。

表 1-1 2019 年末青海六州地区藏族人口结构

地区	藏族人口占州总人口比重（%）	地区	藏族人口占州总人口比重（%）	地区	藏族人口占州总人口比重（%）
海北州	26.35	海南州	67.99	玉树州	98.15
黄南州	68.61	果洛州	91.84	海西州	10.37

数据来源：根据 2020 年青海省各市州县数据整理。

语言障碍因环境封闭程度不同而深度不同，越是封闭的环境越是深刻地存在。不仅如此，语言障碍还面临着全球化语境、语言虚拟化的时代背景。当周边没有随时可以提供语言援助的资源时，语言障碍人群犹如身处语言的孤岛，缺乏语言自信，对于走出封闭的环境，谋求更高的生存质量存有太多的顾虑。无论是学习就业，还是医院看病、饭馆吃饭、商场购物，都会受到语言障碍的消极影响，甚至日常的行政、社会治理、社会调节、居民自治，彼此间对话用语、内容及其表达模式，都可能因语言沟通障碍而难以形成共享信息的平台，难以最大化共享公共资源。信息差既无处不在，也无时不在，因此影响公共资源的受益度，加大了走出封闭环境的担忧和不信任，妨碍其与时俱进的步伐。一方面是走不出语言封闭的环境，另一方面是难以走近有语言障碍的群体，这就极大地限制了该地区嵌入国内国外市场，参与市场竞争的能力，最大限度地限制了谋求发展的想象空间，限制了个人和社会发展的机会，决定了就业渠道单一偏窄。"少数民族群众，也就不太容易从边疆地区、农牧区来到东部地区和城市找到工作、实现就业"（巴特尔，2020）。这一语言生活状态的可持续性生存模式，限制了增加收入的路径，加大生存成本支出，决定了收入来源高度依赖国家财政的生存模式，继而归集为经济贫困。反过来局限了国家通用语言文字能力与时俱进，进一步限制了思维模式和走出封闭的语言环境的自信，既影响文化交流和互鉴，也限制了民族优秀文化的与时俱进，限制了文化超时空的传播。

相对于语言翻译服务而言，没有专门从事藏汉互译的机构，意味着相应的制度建设、人力资源配备的公共文化体系的结构性差异存在短板。且语言翻译服务更多地侧重于把汉语语境的内容翻译为藏语言，以实现上文下达的政策行政指令。语言援助资源的结构性差异及其供需缺口，不仅表现为语言翻译资源供需缺口的结构性差异，也表现为汉藏-藏汉翻译服务资源储备不可以满足基层社会对语言援助的现实需求。这也反映出该地区既有与其他区域相同的公共文化服务需求，也有与其他区域有别的公共文化服务需求。国家通用语言文字的需求，既是其与其他区域相同的需求，也是这个地区解决语言障碍、语言援助困境的共性需求。语言援助对于语言障碍人群与时俱进的意义，归根结底是国家通用语言文字能力的反映，既是对国家通用语言文字客观需求的直观表现，也是优秀文化反哺滋养、丰富传承和发展的需要。

　　长期以来，推普取得了显著的成效。语言教育模式促进了民族地区基础教育的普及，国民素质的提高，文化软实力的增强，经济的发展。但教育的效能受到主客观因素的制约，集中表现为聚焦于教育体系及受教育者的普通话和规范汉字学习路径固有的局限。没有形成以学校教育为核心的辐射家庭和社会的三位一体的路径体系，局限了溢出效应。比较容易忽略超越语言的文化语境，忽略语言翻译的服务属性以及语言援助。学生在学校里、课堂上学习汉语言，课间、放学的路上、回到家里、进入社区，就回归了藏语环境，所学汉语能够惠及他人的程度有限，普通话和规范汉字的短板效应直接表现为汉藏-藏汉翻译服务的短缺。人们习惯于将汉语言的学习通过教学计划、培养方案置于课堂教学模式完成，既无法满足国家通用语言文字全覆盖的大众教育的现实客观需求，也不足以满足广泛的语言翻译援助服务需求。推普是将复杂性、多样性和长期性归集为一体的、全员参与的系统工程，其特殊性决定了需要政府、社会和学校等各层面发挥协同效应，合力达标。

　　为此，探究对此起到补缺作用的路径，探究能够使得每一个汉语学习者或掌握汉语的藏语言者，一方面成为语言援助资源，另一方面能够成为推普的火炬手。这也是该地区及其语言障碍人群实现"扶贫先扶智，扶智先通语"目标不容忽视的路径。语言援助可以促进广大的语言障碍人群在频繁受益于汉藏-藏汉语言援助的时候，认识到掌握国家通用语言文字的重要性，也为此不断发挥铺路架桥的作用。虽然语言援助有其自身的结构性差异，但其双向的翻译服务功能，都是基于国家通用语言文字的推普工作。从另一个角度而言，语言援助协同效应是国家通用语言文字全覆盖过程中，帮助语言障碍人群熟知汉语言，走出语言困境不可或缺的路径。对语言环境的认可、认知，将会增强语言障碍人群的自信，增强其与外界共生的能力。同时，也创造了丰富的汉语言环境。国家政策的发布为此铺垫了宏大的画卷。

1.1.2 政策要求

1.1.2.1 国家通用语言文字政策

玉树抗震救灾中及时汇集的汉藏-藏汉翻译服务资源，凸显了语言援助参与公共救援解决语言障碍的作用和汉藏-藏汉翻译服务双向功能的逻辑关系，也凸显了推广普及政策的显著成效。自改革开放以来国家通用语言文字政策由恢复、稳步发展到深化的演进，既是尊重和保障少数民族语言文字的历程，也是推广普及国家通用语言文字的历程。这为语言援助资源储备，奠定了与时俱进的政策基础。1985年，国家语言文字工作委员会成立，负责制定汉语和少数民族语言文字的规范和标准并组织协调监督检查；指导推广普通话工作；促进语言文字的规范化、标准化。2010年，国家民族事务委员会对民族语文翻译局进行改革，将国家民委教育科技司所承担的民族语文基础性、技术性、研究性工作，划给了中国民族语文翻译中心。这为国家通用语言文字"大力推行，积极普及，逐步提高"，也为语言援助资源储备奠定了组织基础。（国家语言文字工作委员会政策法规室，1996）2001年，《中华人民共和国国家通用语言文字法》确定"普通话和规范汉字为国家通用语言文字，国家推广普通话，推行规范汉字"，同时规定"各民族都有使用和发展自己的语言文字的自由"。这为"推广普通话，推行规范汉字"奠定了法律基础，也为语言援助资源储备提供了通用的语言基础和法律依据。

各民族丰富多彩的语言文字是国家宝贵的文化财富，是中华文明不可或缺的组成部分。这就决定了语言翻译服务相对于文化基础知识薄弱的语言障碍人群而言，也是推普不可忽视的途径。对语言援助的需求，从另一个角度诠释了对国家通用语言文字的需求。《关于进一步做好民族语言翻译工作的指导意见》（民委发〔2010〕198号）指出，依法提供民族语言翻译服务，加强民族语言翻译队伍建设，对内对外业务交流，做好新词术语的标准化、规范化工作，推进民族语言翻译信息化建设，做好民族语言翻译科研工作，完善民族语言翻译工作机制，加大民族语言翻译工作的经费投入力度。

1.1.2.2 公共文化服务体系政策

国家政策具有宏观指引的功能，具体到民族地区不同区域，政府治理需要相应的语言载体。公共文化服务体系政策对精准落实"扶贫先扶智，扶智先通语"，多、快、好、省地推广普及国家通用语言文字，满足不断提高的汉藏-藏汉翻译服务需求，提供了宏观背景。2006年，《国家"十一五"时期文化发展规划纲要》提出在中西部及其他老少边穷等地广人稀的地区配备流动文化服务车，建设流动服务网络。2013年，《中共中央关于全面深化改革若干重大问题的决定》把"构建现代公共文化服务体系"列为了全面深化改革的重大任务。[①]《关于加快构建现代公共文化服务体系的意见》标志着我国公共文化服务体系建设进入新的发展阶段，明确"以改革创新为动力，以基层为重点，构建体现时代发展趋势、适应社会主义初级阶段基本国情和市场经济要求、符合文化发展规律、具有中国特色的现代公共文化服务体系，促进基本公共文化服务标准化、均等化，推动社会主义文化大发展大繁荣，提高全民族文化素质，增强民族凝聚力，为实现中华民族伟大复兴中国梦提供强大的精神动力和文化支撑"。根据基本公共文化服务指导标准，明确老少边穷地区服务和资源缺口，力争在较短时间内使老少边穷地区公共文化服务能力和水平有明显改善。2019年，我国公共文化服务体系及其公共文化服务进入快车道，提出均等化、标准化。根据《中华人民共和国国民经济和社会发展第十四个五年规划和2035年远景目标纲要》和国家"十四五"文化改革发展规划，以及《"十四五"文化和旅游发展规划》，发展是解决我国一切问题的基础和关键。"十四五"末，实现城乡公共文化服务体系一体化建设取得重大突破，城乡协同发展机制逐步健全，城乡公共文化服务差距进一步缩小。

公共文化服务体系在发展中起着宏观统御的作用，其作用的发挥程度取决于各地组织机构构成文化服务体系的实际执行的效能，执行过程是具体复杂的。一般而言，自上而下的公共文化服务体系所提供的公共文化服务的趋同，符合理论的成本效益原则。但往往兼顾不到老少边穷地区服务和资源的供需缺口，难以满足各区域具体的需求，尤其是特色需求。不同地区，公共文化服务体系完善的程度不同，服务的对象不同，具体运行在地理环境、禀赋资源、民族结构、民族文化和生计模式不同的语境下，呈现出宏观框架的本土化能力不同，运行效果与期望的差距大小不同。公共文化服务体系功效大小，不仅取决于其自身运作的有效性，还取决于与社会结构、文化、观念等因素的相互作用。它是"嵌入"于社会、经济结构，并在与社会、经济、文化因素的互动、关联过程中发挥其功效。公共文化服务体系与实际环境的

---

① 新华网.中共中央关于全面深化改革若干重大问题的决定.http://www.sc.xinhuanet.com/content/2013-11/15/c_118164288.htm.

契合程度，影响公共文化服务供给效能。与生产生活模式对接的缝隙越小，公共文化服务供需匹配度越高，有助于达到政策目标与群众期望受益目标，也说明该体系因地制宜本土化、特色化程度越高。而不同的环境，人们的思维定式不同，行为模式不同，习惯传承也不同。青海涉藏地区复杂的地理环境，使政策在实施过程中变得相对复杂，语言障碍加大了公共文化服务体系运行的复杂程度。加上汉藏-藏汉翻译服务体系为公共文化服务体系的薄弱环节，即便有效运行，也可能因为数量不充分、质量参差不齐，使公共文化服务体系预期目标的实现受制于语言能力。虽然我国公共文化服务体系覆盖到了基层社会，但是从成本效益的视角考察，基础设施的利用率很低。如各基层图书馆建设已经配备了现代化设施，但是全年除了考试季，或屈指可数的备考公务员及各类应试者外，平时人数并不多。从某种程度而言，一方面是大量的公共文化服务基础设施未很好地利用，加大了沉淀成本，并且随着时间的推移，机会成本越大；另一方面是语言援助资源无法满足对基础设施进行有效利用的语言条件的需求，局限了受益度。公共文化服务体系重视全覆盖的建设，却可能忽略了需求者是否具备利用这些基础设施的最低的语言条件，影响投入产出效益，不能很好地体现公共文化服务体系的效能。

为此，在依赖教育体系推广普及国家通用语言文字路径的基础上，根据汉藏-藏汉翻译服务结构性差异，基于现有的汉藏-藏汉翻译服务机构，针对存在的短板，以国家力量优化其体系，拓宽推普路径，这是中国特色公共文化服务体系的一部分。以便通过协同效应优势互补，储备足够的资源弥补语言援助供需缺口，为各民族文化"互联互通"、相互交流借鉴创造条件；为凝聚语言核心竞争力，提高藏语单语人群语言能力和语言生活质量，走出语言封闭、理念封闭，实现高质量生存创造条件；为社会主义核心价值观的认同，"凝聚人民精神力量、增加国家文化软实力"创造语言条件。

1.2 研究意义

1.2.1 理论意义

本书将视角落脚在青藏这个极端的自然环境的地区，将玉树地震灾害公共救援中暴露出的语言障碍问题，链接日常生产生活中存在的相同的问题及其对个体、家庭生存能力和公共管理、行政管理和社会治理的消极影响，归纳该问题在一定区域的基层存在的普遍性和影响的广泛性，突出汉语言的短缺及由此衍生的以政府为主导的语言翻译服务资源不足的问题，即语言援助困境。语言援助困境反映出人们对语言援助亦为语言翻译服务的客观需求，也是对国家通用语言文字的客观需求。语言障碍人群自身的文化程度、本民族语言能力和生计模式的结构性差异影响这一客观需求的结构性差异和多元化要求。

汉藏-藏汉翻译的语言援助是特定环境下的特色公共文化服务，这类似于基础设施的服务功能，是解决语言障碍人群交流，承载责任和使命的工具。拓宽现实的国家通用语言需求与供给对接的路径要求，赋予了汉藏-藏汉翻译服务体系与时俱进的特质，体系优化是永恒的理论命题。这实际上是研究共性和个性、一般和特殊性的公共文化服务供需关系问题。研究目的既不是将共性代替个性、一般代替特殊性，也不是固化特色，而是在一定时期内，把特色公共文化服务体系应用于特殊情景，最终提高人们在国家通用语言文字交流方面的能力，凝聚语言的核心竞争力，增强内生动力，从文化"软实力"提升影响力，以标准化、均等化实现"自发秩序"基础上的民族和谐。本书尝试为汉藏-藏汉翻译服务体系发挥协同、宏观统御功能，以及为保障语言援助数量和质量满足现实需求提供了组织体系基础。所以，基于最优成本理念和公共文化服务体系远距离网格化、立体式网络化的架构条件，站在公共文化服务体系功能特征视角，讨论优化现有汉藏-藏汉翻译服务体系，以承载语言援助供需平衡的思路，探究拓展国家通用语言文字全方位、全覆盖路径的理论研究，极大地丰富了区域性公共文化服务体系理论和语言翻译理论。

1.2.2　现实意义

语言文字既是文化的产物，也是文化的重要组成部分和鲜明标志，承载着一个民族的历史文化背景，蕴藏着核心价值观；既是人类最重要的交际工具和信息载体，又是认知一种文化和传承文化的直接有效的工具，是推动历史发展和社会进步的重要力量。

语言援助具有降低信息差的现实意义。每个民族在特定的自然环境、历史条件、地理区位和社会现实中生成具有本民族特征的文化，这是中国文化的组成部分。国家通用语言文字背后所蕴含的中国文化，不仅需要对内传播、传承，也需要对外"讲好中国故事"。不同的语言，承载和代表了该民族的文化，既是其基础要素，也是公共文化的组成部分。语言习得的能力，取决于本民族语言掌握的同时，对陌生文化背景的掌握程度；取决于将陌生文化转变为已知文化，以及对其文化的认可程度。人们往往会因为对语言的文化背景缺乏了解，担心交际失误而缺乏自信。各民族文化之间的差异是客观存在的，国家通用语言文字通过传递信息，消除了信息差，是构建和谐语言生活，民族文化融合的语言基础。国家通用语言文字推广普及不仅包括汉语方言地区，也包括少数民族地区。在此过程中，相对于汉语言障碍人群，语言援助是缩小差异、提高国家通用语言文字应用能力、实现信息对称的有效手段，是不可或缺的桥梁。

从公共文化服务体系视角，现实中无论是汉藏翻译服务还是藏汉翻译服务的短缺，反映出体系建设还有待完善。后者的短缺，涉及机构设置、制度设计、人才培养模式、翻译工具书的编纂、效能评价的供需矛盾。假如补齐了藏汉翻译服务体系，则会储备更多的语言援助资源。从这一点而言，公共文化服务供给与解决语言障碍和语言援助困境需求的无缝对接，赋予公共文化服务体系区域性共性特色及汉藏-藏汉翻译服务的个性特征。《关于全面加强新时代语言文字工作的意见》提出"到2025年，普通话在全国普及率达到85%"，该意见赋予推普路径特色内涵，提出多元化路径提升国家通用语言文字能力和水平的要求；拓宽多、快、好、省地推普"快车道"，践行了建设以基层为重点的服务对象，以适应社会主义初级阶段的基本国情和市场经济发展，并符合文化发展规律，具有实践公共文化服务全覆盖的中国特色体系的实际意义。

1.3 研究内容与研究方法

1.3.1 研究内容

《中华人民共和国国家通用语言文字法》确立了普通话和规范汉字的法律地位，这为多语种交流沟通明确了主体语言，为创造和谐的语言生活环境奠定了基础，为汉藏-藏汉翻译纳入公共文化服务体系的优化研究提供了依据。国家通用语言文字能力的实质性全面提升，是语言障碍人群走出语言困境、摆脱现实贫困最直接、最有效的精准扶贫路径，是补齐民族地区经济发展短板的至关重要的环节。本书用7个章节来演绎研究思路，每一个章节的内容都在《中华人民共和国国家通用语言文字法》的基础上贯彻对应的宗旨，即多、快、好、省地推广普及国家通用语言文字。这是跨越语言障碍，摆脱语言援助困境，提高汉语言能力、就业能力和可持续性生存能力，巩固拓展脱贫攻坚成果与乡村振兴有效衔接，实现高效公共管理和社会良治，边疆安全的有效途径，也是亟待解决的问题。

第1章 绪论。本章起到提纲挈领的作用，本章通过玉树抗震救灾、城镇化、精准扶贫，以及日常生产生活凸显的语言障碍和语言救援困境为特征的语言生活状况，从公共文化服务体系的视角，梳理国家通用语言文字推广普及与汉藏、藏汉翻译服务及其体系和解决语言障碍、语言援助困境的逻辑关系，为提出优化汉藏-藏汉语言翻译服务体系，提供汉藏-藏汉语言援助，以拓展推普路径的理念，为解决语言障碍的供需矛盾奠定了基础。

第2章 理论基础和国内外文献研究。研究根据公共文化服务体系在语言封闭环境中的运行现状，汉藏-藏汉翻译服务机构体系与时俱进的客观要求，语言援助的社会需求，在借鉴的基础上，构建理论框架。将公共文化服务体系理论置于特定的语境，语言援助置于公共文化服务体系，从汉藏-藏汉翻译服务视角探讨拓宽推普路径，提供依据和经验用以借鉴和启示。

第3章 国家通用语言文字推广普及路径的基础。本章起着承上启下的作用，从封闭的自然环境到开放的市场，以座谈、深度访谈和个案研究法，从玉树地震灾害救援中所呈现的语言障碍、语言援助困境，城镇化、精准扶贫中所呈现的语言障碍、语言援助困境以及日常生计中所表现的语言障碍、语言援助困境，演绎归纳基层语言障碍人群的语言生活状况及其对公共管理、行政服务、社会治理、家庭生存、个体就业的消极影响。

第4章 语言翻译服务路径的基础。本章运用比较研究法，在汉藏-藏汉翻译服务体系框架中，分析汉藏翻译服务体系和藏汉翻译服务体系的关系，比较其之间的差异，突出其中的短板，即藏汉翻译服务体系的短板现象；并根据藏汉翻译服务体系在供给藏汉翻译服务的特征，分析汉藏和藏汉翻译的认识误区；总结短板的具体表现，即机构设置、制度设计、人才培养模式、工具书编纂和体系评价等，为优化推普的汉藏-藏汉翻译服务体系奠定基础。

第5章 国家通用语言文字推广普及路径的问卷分析。本章从组织机构、制度、人才培养模式、工具书编纂和效能评价指标与时俱进优化，阐述语言翻译服务体系优化的基础。从共性原则和个性原则视角，提出语言翻译服务优化的体系，并通过问卷调查，从描述性统计分析、信度和效度检验、量表现状分析、方差分析、相关性分析对此做出回应，为指标赋权、综合评价奠定了基础；研究基于汉藏-藏汉翻译服务体系优化的指标多级递阶结构模型，构造判断矩阵，明确指标的内在逻辑关系，并采取AHP方法和熵值法，结合

SPSS21.0 和 MATLAB 软件以及 Excel，实现定权目的，从而采取模糊综合评价法，对指标体系进行等级评价，由此得出合理的结论：（1）通过了一致性检验，$CR<0.1$，即权系数的分配是非常合理的；（2）部分权重指标通过修正后排序发生了变化，为精准施策提供了依据；（3）根据整体评分值为 4.2729，可知休系优化的良好结论，并对指标体系做出了结构性调整。由此从汉藏和藏汉翻译服务路径中为推普铺路搭桥，并提供依据。

第 6 章 国家通用语言文字推广普及路径有效运行对策建议。本章根据综合评价的结果，从国家力量为主的运行模式、最大收益函数汉语言学习的行为模式，以及五个维度提出了对策建议，以便多、快、好、省地推广普及国家通用语言文字，创造良性的语言生态环境。

结论与展望。起到总结展望的作用，与前述章节遥相呼应。

1.3.2 研究方法

文献研究法。该方法为梳理国内外研究成果，搭建章节内容框架的思想脉络，提供了可资借鉴的依据；通过该方法，公共文化服务体系、木桶理论、权变理论等给予研究理论基础和启示，为选题研究提供了支持。

个案研究法。该方法为演绎归纳玉树地震灾害公共危机救援、城镇化和精准扶贫乃至日常生产生活中存在的语言障碍和语言援助困境的语言生活状况及推普的客观需求提供了案例支持。同时，通过对案例的多重分析可知国家通用语言文字是可持续脱贫的核心能力。这既为多路径推普，提升核心竞争力提供了案例支持，也为其中的语言援助路径拓宽推普路径及其积极意义及显著贡献提供了案例支持。案例研究法由点到面为研究汉藏-藏汉翻译服务体系与时俱进优化的需求，提供了技术方法。

定量分析。通过该方法，运用 SPSS21.0、MATLAB 软件、Excel，为描述性分析、变量现状分析、信效度检验、方差分析和相关性分析各变量总体特征及分布状况提供技术支持；同时，为 5 个一级指标，20 个二级指标，79 个三级指标隶属关系，赋权和综合评价提供技术支持；显示优化汉藏-藏汉翻译服务体系，提供汉藏和藏汉翻译服务路径，对提升国家通用语言文字能力，满足语言援助需求，解决语言障碍和语言援助困境起到积极作用。

1.4 重点、难点

根据语言援助供需缺口和解决语言障碍及语言援助困境的目的，站在语言援助需求资源的层面，研究的重点、难点在于如何发挥协同效应，探究优化汉藏-藏汉翻译服务体系，拓宽语言障碍人群推普路径，提高国家通用语言文字应用能力，化解语言援助困境，为消除语言障碍创造条件；根据汉藏-藏汉翻译服务的桥梁功能和积极作用，分析对汉藏-藏汉翻译服务的认识误区，站在公共文化服务体系视角，从影响汉藏-藏汉翻译服务体系有效运行的组成部分，优化汉族-藏汉翻译服务体系，为多、快、好、省地推普路径研究，提供更广阔的视域。

1.5 创新与不足

1.5.1 创新

第一，跨学科优化研究。青藏地区，尤其基层，大多以藏语为信息传递的语言工具。中小学生在课堂上接受着汉语言教育，下课、放学后又回归家庭、村落的语言环境氛围，依然用藏语交流。地理环境封闭的地区，语言的封闭成为其产物。语言生活状况中，往往凸显出客观存在的语言障碍和语言援助困境。这一语言现象既是其文化特征，也是极端的语言特征。从公共危机救援、日常生产生活，尤其在城镇化的实施中可知，这一语言生活状况更广泛地、深刻地影响基层社会，是推普所要面临的文化和语言原生态环境。语言的封闭，固化了思维方式。改变这一状况，主要有两个路径：一是直接通过推普，提高语言障碍人群的汉语言能力；二是通过语言援助，为解决语言障碍发挥汉藏-藏汉翻译服务的桥梁功能，最终为国家通用语言文字推普能力提升发挥积极的作用。语言援助不仅能够在人们需要语言翻译的时候，解决语言沟通困难，而且强化了国家通用语言文字的应用，营造出良好的汉藏-藏汉翻译服务互动的语言环境。

面对迫切的现实需求，人们深切体会到现有的语言援助力量远不能满足常态的援助需求，推普是解决语言援助力量稀缺的有效途径。站在这个视角，汉藏翻译服务、藏汉翻译服务研究，应突破学科、专业、领域的羁绊，基于现有资源，依托协同效应理论，兼顾成本效益原则，以权变理论为基础，突破翻译研究思维模式固有的局限，从多学科的视域丰富其内涵，扩大其外延，创新理论研究，拓展推普路径，实现国家通用语言文字全覆盖。一方面减轻语言援助供需矛盾的压力，另一方面可以彻底解决这个地区的语言障碍问题。公共文化服务体系恰恰为这一领域的尝试，打开了新的视野。

基于青藏地区的战略地位，根据该地区国家通用语言文字应用的困境与推普预期目标的挑战，基础设施利用率有限的实际情况，比较教育体系系统施教的职能属性和公共文化服务体系的教育职能属性，推普的路径需要从教育体系拓宽至公共文化服务体系。通过发挥跨学科的优势，结合语言学的属性，针对汉藏和藏汉翻译学科的特点，将语言翻译纳入公共文化服务范畴，扩大公共文化服务体系的边界，赋予汉藏-藏汉翻译服务体系的内涵。根据其职能属性发挥其语言翻译服务的优势，利用公共文化服务体系覆盖面广的特点，强化其推普的教育功能，将国家通用语言文字普及至更广泛的地区，使语言障碍群体具有参与市场竞争、提高生存质量的汉语言能力，这是成本效益理论的要求。

第二，补齐短板。受地理环境影响，区域间和区域内部公共文化服务水平差距较大，农村和欠发达地区依旧是公共文化服务发展的短板。相对而言，推普是青藏地区亟待解决的短板。其中，根据汉藏翻译服务体系力量薄弱的现状和藏汉翻译服务体系固有的短缺，其在推普以解决语言障碍和语言援助困境的过程中，存在待优化的空间。

基于汉藏翻译服务体系的结构，研究从藏汉翻译服务组织机构指标设置、制度指标、专业队伍人才培养模式指标、专业词典辞书编纂指标、效能指标等维度补缺，多视角优化汉藏-藏汉翻译服务体系，以拓宽推普路径，为多、快、好、省地推广普及国家通用语言文字，满足语言援助需求，摆脱语言困境，提高语言能力素质，增强民族凝聚力，提供良性运行的语言环境。为此，研究采取专家判断法、专家咨询调查法，评价5个一级指标、20个二级指标、79个三级指标；采取层次分析法和熵值法分层赋权，采取模糊综合评价法对体系进行符合实际的综合能力评价。由此得出汉藏-藏汉翻译服务体系优化对推普路径拓展有积极意义的结论，语言援助对于解决语言障碍具有针对性、可操作性。

1.5.2 不足

众所周知，任何研究都有其局限性。语言环境随着时代变迁，国家政策的发布和推进，得到了日新月异的改善。但客观的自然环境及其语言环境的优化，是一个长期的过程，这既符合权变理论与成本效益原则，也符合需求层次理论。为了满足缩小信息差和提高可持续性生存能力的国家通用语言文字需求，满足公共文化服务、行政高效运行对良好的国家通用语言文字生态环境的需求，需要与时俱进的研究提供相应的解决方案。而研究只是基于封闭的语言环境的调研，根据体会到的封闭的观念、思想和意识对固化的语言生活状况的影响，试图从更广泛的多元的路径提高语言障碍人群普通话和规范汉字的应用能力。鉴于公共危机救援中的语言障碍和语言援助困境的经验，研究在借鉴的基础上，仅限于学术的范畴提出了发挥汉藏和藏汉翻译服务协同效应，从语言援助角度拓宽推普路径的思路。一方面能够储备足够的汉藏-藏汉翻译服务资源，满足语言援助的不时之需；另一方面为国家通用语言文字全覆盖，多、快、好、省地解决语言障碍铺路搭桥。但是，跨学科研究，尝试中的局限性不言而喻。应根据汉藏-藏汉翻译服务及其体系的属性，在保证问卷数量的同时，开发研究适用的量表，这样研究成果可能更精细。

1.6 小结

国家通用语言文字语言应用能力的强弱，对特定区域空间的语言障碍人群而言，决定了核心竞争力的强弱，决定了可持续性生存和发展的能力。城镇化既为提升国家通用语言文字能力提供了契机，也为语言援助质量及其体系提出了更高的要求。研究以其中的问题意识，秉承政策要求，在国家宏观、中观和微观背景铺就的画卷上，通过玉树抗震救灾、城镇化、精准扶贫，以及日常生产生活凸显的语言障碍和语言救援困境为特征的语言生活状况，从公共文化服务体系的视角，梳理国家通用语言文字推广普及与汉藏、藏汉翻译服务及其体系和解决语言障碍、语言援助困境的逻辑关系，为提出优化汉藏-藏汉语言翻译服务体系，提供汉藏-藏汉语言援助，解决语言救援的供需矛盾，拓展国家通用语言文字推普路径，解决语言障碍的后续章节研究奠定了基础。

第2章
理论基础和国内外文献研究

本章通过相关理论和国内外文献研究，借鉴推普研究成果，公共服务体系、公共文化服务体系、民语翻译机构体系与汉藏-藏汉翻译服务的研究成果，界定概念；为汉藏-藏汉翻译服务所能承担的纽带和桥梁作用与语言障碍人群践行讲普通话和写规范汉字，跨越语言障碍和推普路径的内在关系研究明确了空间范围和研究对象，以此为推普路径多元化研究提供理论依据。研究对象的特质取决于多种要素，地理环境应该是其基础要素。尽管人们对地理环境相关理论有各种不同的说法，莫衷一是，但地理环境决定论在与时俱进中，相关认识、内容也都在不断更新、丰富。客观而言，不同地理环境及其所拥有或控制的禀赋资源差异，在与人类社会互动中，一定程度上决定了诸多短板所在之处及其衍生品具有的差异极限，也造成了与时代脚步的发展距离。基于此认识，研究根据公共文化服务体系理论与"新公共管理理论"及由此演绎的"新公共服务理论"和"政府绩效评价理论"的衍生关系，新公共管理理论至新公共服务理论演绎的语言翻译服务体系之所以依托公共文化服务体系的思路，协同效应理论诠释的之所以补齐短板、弥补缺口而优化的理由，木桶效应理论阐释的拓宽推广普及路径的启示，路径依赖理论解释的优化汉藏-藏汉翻译服务体系，借力语言翻译服务多元化国家通用语言文字增效提质路径的理论基础的逻辑关系，诠释了汉藏和藏汉翻译服务对拓展推普路径的积极意义，为进一步践行《语言文字纲要》，储备语言援助资源，提升语言援助能力，凝聚国家通用语言文字核心能力，实现国家通用语言文字全覆盖路径研究搭建了框架，厘清了结构依据。

2.1　理论基础

2.1.1　概念界定

2.1.1.1　青藏地区

　　研究将我国青藏地区或涉藏地区或藏语区界定为广义和狭义的概念，单纯是对整体和部分的空间范围的强调。我国青藏地区各组成部分，既有整体区域的共性特征，也有其个性特征。相对于我国青藏地区这个广义的空间范围，研究主要依据行政区划将青海省六州作为研究范围的载体界定为狭义的青藏地区，也称"青海涉藏地区"。行政区划是基层政权建设的基础，包括人口、土地、政治制度等资源要素。青海省六州地区简称为六州地区，主要包括海北藏族自治州（简称海北州）、黄南藏族自治州（简称黄南州）、海南藏族自治州（简称海南州）、果洛藏族自治州（简称果洛州）、玉树藏族自治州（简称玉树州）和海西蒙古族藏族自治州（简称海西州）。各州具有民族结构性差异，如海南州有26个民族，海西州有29个民族、黄南州有15个民族，果洛州有14个民族。根据第七次人口普查和《青海人口普查年鉴（2020年）》《青海统计年鉴2022》，可得知青海六州地区民族结构（如表2-1所示）。其中，海西州占全省人口比例在该区域位列在前，少数民族占州总人口比重位列在前的是玉树州，且在藏民族人口占州总人口、全省总人口的比例中都位列居前。青海六州地区，首先是一个具有共同自然特征的空间单元，和其他单元一样，这里生活着具有共同属性的藏民族；其次这个空间单元是彼此有着内在关系的藏民族和其他各民族，他们与环境形成互动关系。藏民族的集中度是这个地区被称为青藏地区的重要原因，这里的居住人群是国家通用语言文字全覆盖的社会基础。

表2-1 青海六州地区民族结构

地区	全州占全省人口比重（%）	少数民族占全州总人口比重（%）	藏族人口占总人口比重	
			占州总人口比重（%）	占全省总人口比重（%）
海北州	4.48%	66.95%	25.97%	1.16%
黄南州	4.66	93.26	68.52	3.19
海南州	7.55	77.76	67.94	5.13
果洛州	3.64	92.93	90.98	3.31
玉树州	7.18	96.71	95.45	6.85
海西州	7.90	40.76	12.33	0.97

数据来源：根据《青海人口普查年鉴（2020年）》《青海统计年鉴2022》相关数据整理。

经济基础决定上层建筑。通过《青海统计年鉴2022》可得知青海六州地区经济基础（如表 2-2 所示）。无论从地方一般预算收入所占收入比重的顺序，还是占支出比重的顺序，决定了收入绝对依靠国家资源投入的路径依赖的原因及客观现实和现状特征，也决定了国家西部大开发、城镇化和乡村振兴战略实施的经济基础，以及语言文化基础特征。

表 2-2 青海六州地区经济基础

地区	农作物种植面积占全省总播种面积的比重（%）	国家财政补贴及其他收入占财政总收入的比重（%）	地方公共财政预算收入	
			占收入比重（%）	占支出比重（%）
海北州	9.72	93.88	6.10	9.60
黄南州	2.96	95.80	4.20	4.40
海南州	17.02	89.43	10.60	14.70
果洛州	0.09	97.32	2.70	3.00
玉树州	2.08	97.97	2.00	2.40
海西州	11.20	70.00	30.00	50.80

数据来源：根据《青海统计年鉴 2022》相关数据整理。

广义而言，我国青藏地区是由较高集中度的藏族和其他各民族聚居、共同建设和守护的少数民族地区。《中华人民共和国国民经济和社会发展第七个五年计划》确定西部区域包括甘肃、青海、四川、云南、西藏等 9 个省市区。1997 年全国人大八届五次会议通过设立重庆直辖市的决定，西部地区由此增加为 10 个省市区；学术界将大西部的范畴和 2001 年第十个五年计划纲要中西部的内涵在官方划分范围的基础上补充了两个自治区，共有 12 个省市区；西部论坛组委会 2000 年提出定义，即中国西部由"10+2+2"组成。"10"的含义和官方的一致，第一个"2"和学术界的一致，第二个"2"是新增内容（如表 2-3 所示）。集合交集青藏地区主要指西藏自治区、青海省的海北州、黄南州、海南州、果洛州、玉树州和海西州等为主的六州，甘肃省的甘南藏族自治州（简称甘南），四川省的甘孜藏族自治州（简称甘孜州）和阿坝藏族羌族自治州（简称阿坝州），云南省的迪庆藏族自治州（简称迪庆）以及甘肃省天祝藏族自治县（简称天祝）、四川省凉山州木里藏族自治县（简称木里）等一区十州两县自治地方。

表 2-3 青藏地区界定基础

项目 名称	数量（个）	行政区划名称（省、区市）	交集名称 （省、区市）
官方	10	陕西、甘肃、宁夏、青海、新疆、重庆、四川、云南、贵州、西藏	甘肃、青海、四川、云南、西藏
学术界	12	陕西、甘肃、宁夏、青海、新疆、重庆、四川、云南、贵州、西藏、内蒙古、广西	甘肃、青海、四川、云南、西藏
西部论坛组委会	14	陕西、甘肃、宁夏、青海、新疆、重庆、四川、云南、贵州、西藏、内蒙古、广西、湖南、湖北	甘肃、青海、四川、云南、西藏

路径依赖理论剖析概念界定的意义。第一，青藏地区地理位置、自然条件的共性极端属性，决定了民族结构、历史传承、产业结构、生计模式的共性极端属性，经济发展状况、人文资源等极端属性的烙印，同样透过承载以此为内涵的语言文化符号而反映出来。第二，青藏地区地理环境、自然条件和禀赋资源孕育了有别于其他地区的人口结构和民族结构，决定了该地区在既拥有丰富的多民族资源的同时，也拥有丰富的多语种语言资源。其中，有着一定集中度的藏语为本民族语言的单语种为表征的语言生活状况，是区别于其他民族地区的最为直观和显著的语言文化"标志"，简称藏语言或藏语或藏语文或藏文。这种语言生活状态存在因为社会和经济环境封闭而固化了的情况。第三，地理环境决定论等理论基础赋予了这一区域特征新的诠释。第四，这个地区的短板即国家通用语言文字，通常表现为语言障碍和语言援助困境直接影响到生产生活效能。在国家通用语言文字达不到全覆盖的环境下，语言资源的丰富也决定了各民族以本民族语言直接交流沟通时，会出现语言障碍现象。比如，当发生需要语言援助的时候，存在语言援助困境而满足不了需求的现象。第五，青藏地区结构性差异所决定的个性特征，根据其语言结构性差异特征，聚焦特定人群的语言障碍，探究兼容共性特征和个性特征的国家通用语言文字推广普及、提质增效和多、快、好、省地实现全覆盖的路径。这既是可持续性脱贫的基础性路径，也是城镇化路径、生存成本优化路径、旅游产业路径、差异资源化路径演绎"特色"为核心能力的可持续性生存路径体系创造语言生态环境的路径。

2.1.1.2 语言障碍

研究所谓语言障碍即"语言沟通障碍",也被称为语言文字障碍或语文障碍、语言困境、语言困难或语言屏障或语言封闭,特指本民族语言不是汉语言的民族地区或人群没有掌握国家通用语言文字,难以直接运用汉语言交流、沟通,无法及时有效传递信息的语言现象。本研究主要是指青藏地区的藏语言环境的空间范围的汉藏和藏汉之间的语言障碍,即为具有正常语言能力的个体,其国家通用语言文字水平低于交际信息有效传递要求的状态,其表征为完全不会说汉语,或语言简单,汉语言表达能力、理解能力不足以交流或传递有效信息的语言现象。有这种语言现象特征的人群,就是语言障碍人群。特别是有些基层牧区的老百姓,既不会说汉语,更不会写汉字;也有的会说汉语,但不会写汉字。相对于纯粹的语言交流,文字交流的障碍似乎更加普遍。这和文化程度有一定关系,文化程度越低,语言、文字能力也相对低。通常人们认为不会说汉语,就不会写汉字,从语文能力的角度而言,汉语言文字能力大多如此。而藏语言者却不尽然也,调研的过程中遇到这样的情况,被访谈者会写汉字,访谈勉强以笔谈的形式完成,尽管进展非常缓慢,交谈非常困难,过程中也能感觉到被访者在非常努力地想用汉语表达,但是他说不出来。一方面藏语的语境不知道应该用汉语怎么说,另一方面汉语的语境不知道应该用藏语怎么说。不知道用什么词表达想要表达的意思,最后还是回到了简短的写写画画的形式。这样的现象,主要出现在有一定文化程度的藏语言者中。虽然自己认为汉字书面能力比语言沟通能力要强,交流顺畅一些,但这还是应该属于表达困难的人群。以上种种,研究认为皆为"语言障碍"及"语言障碍人群"范畴。

2.1.1.3 语言援助及语言援助困境

语言援助是跨越语言障碍的办法,除了直接运用国家通用语言文字,还有语言援助的方式。语言障碍人群没有掌握国家通用语言文字,一旦陷入语言困境,语言援助,即翻译服务,就会成为临时解决语言困难的办法,这是日常生活中常见的现象。所谓翻译服务,是指对外提供翻译的实践活动,是不同语种文化交流的基础条件。研究所指翻译服务包括笔译和口译在内的所有给外界提供转化语种的输入输出信息的实践活动。应该注意的是,相对翻译而言,翻译服务是文化服务范畴,翻译和翻译服务隶属不同的学科范畴,彼此可以相互依存。翻译不等于翻译服务,只有对外提供翻译实践活动的时候，无论是官方组织的，还是民间自发的语言援助；无论是线上的，还是线下提供的翻译服务；无论是有偿的，还是无偿的语言救助；无论是日常临时提供的，还是专门的翻译服务，这些按照不同标准分类的语言翻译服务行为，均可谓语言翻译服务，或语言援助、语言救助、语言服务。汉译不等于汉译服务，只有当通过汉译对外提供产品或劳务的时候，无论是否有偿，都属于研究所指汉译服务。研究所指语言援助，特指官方的翻译机构体系的公共文化服务，主要指汉藏-藏汉翻译公共文化服务，简称汉藏-藏汉翻译服务。

所谓语言援助困境指的是在语言援助过程中，因语言、表达能力问题，或词不达意所致信息差现象，以及翻译资源储备不足或结构失衡而供不应求所致信息难以及时有效传递的现象。研究特指的语言援助困境（困难、窘境）或语言救援困境或语言服务困境，是汉语言与藏语言互译服务资源，尤其是汉藏-藏汉翻译服务资源短缺的现象。只要到过藏语区，或多或少都会遇到语言障碍沟通难的问题。当你寻求语言翻译服务，就会遇到翻译服务援助困境，即找不到助你一臂之力、跨越沟通障碍的翻译服务人员。研究把这种汉藏-藏汉翻译服务短缺的现象，称为语言援助困境。

这个概念的界定，旨在说明语言援助需求及语言援助困境的客观存在。语言援助应该是预防系统性风险，多、快、好、省地推广普及国家通用语言文字的有效路径。这为基于国家民语翻译机构服务体系，侧重汉族-藏汉翻译服务体系优化研究，提供了一定依据。

2.1.1.4 翻译服务体系

语言文字承载着人们一定社会历史阶段的知识水平、文化特征和社会文明发展的程度，也是继承、交流传播和创造性推动文明进程的最基本手段，是人类文明进步之梯。

汉藏翻译服务是研究所指向的汉藏语言援助，是研究对汉藏翻译公共文化服务的简称，是指以政府为主体，以翻译为手段的汉语言文字符号转化为藏语言文字符号，把汉语言组成的材料所表达的意义（内容），用藏语言组成的材料表达出来的行为。其目的是以藏语言文字提供输入输出信息的实践活动，包括笔译和口译在内的所有传递信息的翻译方式。汉藏翻译服务需要兼顾语言所依存的地理环境和生计模式所孕育的汉语语境；同理，藏汉翻译服务是研究所指向的藏汉翻译公共文化服务，或汉译公共文化服务，或藏汉语言援助。是指以政府为主体，以翻译为手段的藏语言文字符号转化为汉语言文字符号，把藏语言组成的材料所表达的意义（内容），用汉语言组成的材料表达出来的行为。其目的是以汉语言文字提供输入输出信息的实践活动，包括笔译和口译在内的所有传递信息的翻译方式。藏汉翻译同样需要兼顾语言所依存的地理环境和生计模式所孕育的藏语语境。

汉藏-藏汉翻译服务资源短缺。语言翻译或语言援助资源短缺是相对的概念，相对于需求而言存在供给不足的现象。一是相对于日益增长的汉语言需求而言，翻译服务供给资源的缺少；二是指服务体系自身与时俱进的需求，高质量翻译服务的匮乏。界定这一概念，旨在反映这样一种现象，随着城镇化，尤其是"一个都不能少""一个都不能落下"的思想的贯彻实施，语言障碍人群亟须改善和提升汉语言能力，以及凝聚内生力的愿望不断增强。所以，基层社会对语言援助服务的需求呈现上升的趋势，而所供给的资源却是有限的。同时，更加深刻地反映出国家通用语言文字在这一区域的短板效应。概念界定的目的为补齐短板，优化语言翻译服务体系提供依据。

汉藏-藏汉翻译服务规范化。图瑞认为"规范是某一译语社会里所共享的价值和观念，如什么是正确的，什么是错误的，什么是适当的，什么是不适当的，转化成特定的情况下正确的适当的翻译行为原则"；巴切认为"规范是正确性观念的社会现实"；赫曼斯认为"规范是心理和社会实体，是人们互动交流中重要的构成因素，属于社会化进程中的一部分。广义而言，规范涵盖常规与法令之间的全部领域"。综合上述定义，采取规范的广义定义，将原则、规则、方法、要求、常规、制度及法令等纳入"规范"的范畴；所谓规范化是指根据某种事物的发展需要，合理地制定组织规程和基本制度以及工作流程，以形成统一、规范和相对稳定的管理体系。通过对该体系的实施和不断完善，达成井然有序、协调高效之目的。根据《2010年中国语言生活状况》相关部委语言文字工作描述可知，汉语和少数民族语言文字的规范和标准往往由国家语委制定[①]，并通过拟定国家语言文字工作的方针、政策，编制语言文字工作规划、组织协调监督检查对规范和标准发挥作用。各民族相互了解和理解的程度，主要依赖汉语作为官方语言的普及程度。汉藏-藏汉翻译服务规范化，对社会的发展具有积极的影响。汉藏-藏汉翻译服务的规范程度，是语言最佳秩序和社会效益的缩影，见证生产生活秩序。

研究所谓汉藏-藏汉翻译公共文化服务体系（简称汉藏-藏汉翻译服务体

---

① 国家语言文字工作委员会（简称"国家语委"）有19个成员单位。

系)主要是指提供汉族-藏汉翻译服务的民语翻译机构体系,是机构及其服务的总和。包括汉藏-藏汉翻译服务机构、翻译理论、制度政策、人才队伍、工具书等基础设施、创新、效能等要素内容。语言翻译具有双向的服务功能,主要指的是汉藏-藏汉翻译服务体系所表现的翻译服务的侧重面,包括双向的服务功能和单向的服务功能。双向服务的功能,主要指汉藏-藏汉翻译服务体系不仅注重汉译藏服务功能,也注重藏译汉的服务功能。这个模式要求有足够的语言援助资源,也要求专业人才全面的专业素养和能力;单向服务功能,是汉藏-藏汉翻译服务体系侧重于汉藏翻译服务,或藏汉翻译服务的单向功能。相对于汉藏-藏汉翻译服务体系语言翻译功能的设计及自上而下和自下而上的翻译服务的需求。长期以来,侧重于汉藏翻译服务,决定了社会服务功能的侧重点。同时,也反映出藏汉翻译服务功能的短缺。侧重单一向度的语言翻译服务,可能会为翻译的不规范留下更大的空间,两者的叠加,一方面加剧信息差,另一方面则可能会局限推普路径及其绩效,这也是现实给予区域性公共文化服务体系及其服务的经验与启示。

汉藏-藏汉翻译服务体系概念的界定,试图把语言翻译服务资源短缺置于体系框架考量。其中从翻译的服务功能说明无论是汉藏,还是藏汉翻译服务,都能兼顾时空环境,全面深入地了解语言与自然环境及人文环境的关系,了解语言指向对应的事与物,理解所描述的世界观、思维方式、社会特性以及文化、历史等。在国家通用语言文字全覆盖过程中,发挥作为途径的积极作用。为拓展双向的服务功能,解决语言援助资源供需矛盾路径,优化汉族-藏汉翻译服务体系,满足日常和可预见性的语言障碍人群最基础的汉语言能力提升的需求,提供注解和帮助。

2.1.2 理论依据

研究对象的特质取决于多种要素,而地理环境是其基础要素。尽管人们对地理环境相关理论有各种不同的说法,莫衷一是,但地理环境决定论经过不断研究,其内容也在不断丰富,研究者对地理环境与人类社会关系的认识也在不断更新。和所有其他理论一样,都是不同历史阶段不同生产力水平的产物。客观而言,不同地理环境及其所拥有或控制的禀赋资源的差异,在与人类社会的互动中,一定程度上,既决定了短板所在之处及其衍生品具有的差异极限,也决定了与时代的距离。研究认为,地理环境也是各种理论研究的基础。根据研究对象,重新审视地理环境决定论,将地理环境相关理论作为研究理论框架的基础理论。基于此认识，根据新公共管理理论至新公共服务理论演绎的语言翻译服务体系所依托公共文化服务体系的思路，权变理论诠释的语言翻译服务体系之所以优化的理由，青海六州等地区之所以推广普及国家通用语言文字补齐短板、弥补缺口的路径研究的理论结构搭建，在理论框架中，提出了基于特定环境语境的思路观点内容方法目标路径。

2.1.2.1 重新审视地理环境决定论的启示意义

地理环境决定论，又称环境决定论，简称决定论，是一个认为人的生理、心理、人口分布、种族、文化、国家、经济、社会等，受地理环境和自然条件直接或间接支配的理论，它强调自然环境对社会发展的决定性作用。所谓地理环境是一个总和的概念，包括生产资料和劳动对象等各种自然要素。也有广义和狭义之分，包含着社会环境和自然环境。传统地理学，特别关注人类与地理环境的相互关系。地理环境在人类历史发展过程中产生的结构性差异，对于地理环境决定论的讨论从没有停止过。无论这种讨论是批判性的，还是反思的，主要集中在地理环境是否是决定性因素这一关键点上。无论是否起决定作用，地理环境都是客观存在的。地理环境不同自然条件也不同，社会变化是人类身心特征、民族特性、社会组织、语言文化等人文现象形成的基础条件，其作用不可忽视，而且除了本身的不断演变之外，在与人类活动的互动中，其作用也在不断演变。因此，对地理环境决定论的认知依然处于一个不断发展与完善的过程中。

研究认为，人们对于地理环境决定论的认识，也在从关注自然环境的作用到广义的地理坏境的作用，不断多元化。多元化的视角反映了地理环境曾经的决定作用，也反映了地理环境成为稀缺资源的现实，人类不得不通过提高科技能力对其的作用，以改变其决定性的作用。不同历史阶段的人们，从"今天"作用的结果，回看曾经的作用，提出批判或反思的讨论，这也许有站位差异的影响。不同时点所观察到的结果，从另一个角度也反映出地理坏境在与人类活动互动中所起作用的结构性差异的演绎过程，这反映了人类活动镜像的表征，同时也是人类自身文明化及对地理环境认识的历程。对于叠加演变的地理环境所起作用的认定，应该持有与时俱进的认识观。

19世纪末叶，地理学家拉采尔第一次系统地把决定论引入地理学。《人类地理学》提出，人类是地理环境多方面的产物。人的活动、发展和抱负受制于地理环境。地理环境从多方面控制人类，对人类生理机能、心理状态、社会组织和经济发达状况均有影响，决定着人类迁移和分布。这一环境控制论，得到地理学界的赫特纳、魏格纳、施吕特尔等的认可，该理论曾经成为欧美地理学特定时期的理论基石。当然，地理环境决定论演进过程，也是人类对地理环境影响作用加大反映的过程，同时反映了作用和反作用的哲学原理。

20世纪，人的作用随着环境变化引起关注，并在起伏的异议、否定声中，促使决定论者在不断的反思中更新理论。二战后，地理学家G.泰勒在对传统决定论的批评中，提出了有限决定论。这一理论认为，人类可以改变一个地区的发展进程。但倘若不顾自然的限制，自然就会使其以遭受灾害的方式，受到惩罚。从决定论到有限决定论，这也符合科学技术发展的趋势和对人的主观能动性发挥作用的趋势以及对地理环境影响的趋势。有限决定论对于地理环境所起决定的范围界定为"有限"，可见理论思想在与时俱进中，不断提升人对地理环境的主观能动性作用的认知。通过对人类活动所起直接或间接作用的程度，可知地理环境作用的方式、权重大小，在不同时期的不同地区，应该是有差异的，决定作用的指向，也在与人类活动的互动中，演绎其不确定性。当然，也演绎着对理论的争议。

地理环境决定论主要有三个核心内容。首先，地理环境是人与自然互动关系实现的基础；其次，地理环境的差异是区域差异的原因；最后，地理环境制约或促进人类社会发展。无论是地理环境决定论的争议演进，还是其决定方式和方向的争议演进，都随着科技日新月异，理论思想与时俱进，围绕这三个核心内容反映了人地活动互动作用的演进，进而影响社会随之演变。

研究之所以将地理环境决定论引入理论框架，并将其作为基础的原因，一是强调地理环境的结构性差异是区域结构性差异的基础；二是强调极端的地理环境及其衍生产品的极端属性；三是强调地理环境对自然禀赋与生产模式、生活模式、宗教信仰模式、文化孕育模式及其语言文字模式等在特定历史阶段的特定条件下的决定作用；四是强调其在不同的历史阶段的不同条件下的有限决定作用。在研究的空间范围，地理环境的结构性差异决定了所起的作用的不同。生产力水平分布的不平衡，决定了这一禀赋资源虽然不是起着决定性的作用，但其相对的决定性作用的成分与其他地区比较，或许要大得多，尤其是可以直接认知的自然环境的作用，可以直接感知的气候的作用。无论是否承认，其决定性作用也是存在结构性差异的，结构性差异的演变不是单一要素的结果。毕竟，地理环境既不是孤立存在的，也不是静止不动的，会受生产力作用的影响，与生产力的结构性差异有一定的契合度。这一认识，包含了地理环境的结构性差异是客观存在的，生产力的结构性差异是客观存在的，地理环境的作用的结构性差异是客观存在的，而其中的基础性作用也是客观存在的，且是不容忽视的。在生产力水平不高的前提下，人们对地理环境的驾驭能力是有限的。也正因如此，从某种程度上，自然禀赋与生产模式、生活模式、文化孕育模式及其语言文字模式的结构性差异也被打上了极端属性的烙印。相对公共管理模式、行政服务模式、社会治理模式和社区活动模式、家庭经营模式的运行效能，同样存在有别于其他地区的结构性差异。这从胡焕庸线[①]所揭示的人口分布结构性差异，以及资源环境基础的区域结构性差异特征，可窥见一斑。胡焕庸先生对该线两侧差异曾提出三个原因：自然环境不同、经济发展水平不同和社会历史条件不同。其中自然环境因素影响最大，尤其是气候。自然环境的结构性差异，决定了禀赋资源的结构性差异，决定了经济发展水平的结构性差异，也决定了社会历史条件的结构性差异。这条人口分界线与自然地理和社会经济发展区域差异的吻合程度，也说明这条分界线不但是人口分布差异的分界线，更是自然地理条件的分界线，也是重要的人文地理差异分界线。显然，无论从地理环境指的是自然环境，或从地理环境包括自然环境而言，地理环境在国家和地区社会、经济发展中的基础性重要作用是显而易见且客观存在的。

  结构性差异可以从两个层面作新的诠释。第一，差异即资源，诸如青海六州地区地理环境、自然条件、禀赋资源等原始的结构性差异，既可以是产生贫困的影响因素，也可以使其差异资源化，成为经济来源的资源基础。这取决于思想意识、观念理念的定位和人的能动性在科技加持下与其契合的程度；第二，结构性差异影响生存的可持续性，或目前的认知还不能使其资源化，而是影响经济社会发展的短板，这需要物理形态的调整，开山搭桥找补填平。是一个在静态中随着动态而不断调适的过程。在这个调适的过程中，人的能动性不断发挥着作用。但人地关系中，无论是强调其间相互联系和相互影响，人的主观能动性是主要的自然论，还是无所不能的征服论，抑或是

---

  ① 胡焕庸线，被称为20世纪中国地理最重要发现之一，是著名的中国人口分界线，即"爱辉—腾冲"线（新中国成立后称"黑河—腾冲线"），国际上被命名为"胡焕庸线"。这条线是中国人口分布地图上区分人口疏密程度的界线，一头是黑龙江的爱辉（今天的黑河），一头是云南的腾冲，这条以近似45度倾斜的直线，把人口分布一分为二，线的东南边，国土面积占当时版图的36%，人口占96%；线的西北边，国土面积占64%，人口只占4%，人口密度相差40多倍。

通过改变人类行为以适应生存环境的人地关系和谐的可持续性发展的协调论，地理环境依然是其基础，自然环境则是基础中的基础。理论演进是践行的过程，是检验的结果。其反映了人对地理环境正确认识的过程，相互间需要有限的决定作用的关系。例如，随着科技发展和社会进步，人类社会工业化支撑城镇化进程的加快过程，可以反映出相互在矛盾中的调适过程。其中，地理环境依然是其基础。这个过程的演变，需要适合的路径。这取决于地理环境自身的运动特征，取决于人类的能动性作用及其调适的特征，和相互匹配的调适特征。当然，地理环境自身的变化力度，随着调适过程的不断加速而加速演进。与此同步的政府管理、公共服务、教育资源配置、基础设施建设、医疗与社会保障、交通运输、产业与劳动就业等循环的系统，也都带着区域性特征在不同程度地加速演变中。同时，影响着相应地区的语言生态环境，并由语言文字反映、承载。这就为尊重"客观存在"的前提下，不同的地区、区域应该按照其地理环境特征，因地制宜研究提高特定空间范围内所含问题的契合度的解决路径、方法、对策，以影响地理环境作用的程度，缩小差距奠定理论基础。①

根据地理环境决定论所演绎的因地制宜的内涵及启示，依据胡焕庸线所揭示的客观现实，研究界定青海六州地区这样特定的空间范围，有别于其他地区的地理环境，这就为自然环境、经济发展水平、社会历史条件极端属性埋下了伏笔，也决定其长短板及其优劣的属性与其他地区的巨大差异。这就决定了该地区不仅有其需求的共性特征，更是打上了个性特征的符号，也是对满足需求的路径赋予本土化的特色。长短板是相对概念，既有自身体系内的比较，也有与外部体系的比较。只有将其置于特定范围，折射其镜像，相比之下则短板立显。在这个地区，最具特色的却又具有标志性特征的短板，当数地理环境及自然环境禀赋资源及其承载的产业模式和生计模式，还有孕育的语言模式。从个体而言，其中的语言短板表现得最为直观，经济短板表现得最为实际。语言短板，以国家通用语言文字不能通达为判断依据的语言障碍反映；经济短板，以不能通达国家扶贫标准为判断依据的贫困反映，这是生存的基准成本。两者往往相互影响相互反映，共同成为这个地区最突出的短板，也是这个地区诸多短板的集中表现和演绎。其中，语言短板是导致

---

① 谭老师地理工作室. 地理环境决定论、社会达尔文主义、社会契约论、阶级论、人性论等，从胡焕庸人口线看地理环境决定论. 2022-04-05. https://www.163.com/dy/article/H46PAOHK0516DHVE.html.

这个地区经济短板的重要原因。特定语境，语言短板也可能是影响经济收入实现的直接原因。具体地说，影响货物产品、信息资源畅通无阻的因素除了物流交通，还有容易被忽略的"语言交通"。任何"交通"障碍，都会影响经济价值的实现，从而影响就业的通途，影响生存的收支关系，甚至影响城镇化的效率。因此，发展需要践行因地制宜的内涵及启示，扶贫先扶智，扶智先通语。

类似于六州地区，无论是地理环境还是语言环境，想要打破封闭，补齐语言短板，就需要依赖国家强大的资源力量，"修路架桥"是打破这一封闭环境的条件；语言援助，也是路径之一。这一路径的选择，则是封闭的环境走向开放的环境的见证。既可以为推广普及国家通用语言文字铺路搭桥，也可为打破语言封闭的环境创造更多的条件。实际上，在不同的历史发展阶段，后续理论是站在当时所依托的不断演进的具有差异地理环境及其衍生的理论上积累的成果。研究依托的是变动的地理环境，不可或缺的是大的时代背景，其核心是人，而人的需求是无止境的。正是因为人劳动、创造、进化需要满足不断上台阶的需求，两者的结合，就有了发挥人的主观能动性，在适应环境中改造环境的要求和条件。地理环境也在这个互动的过程中给予相应反馈。时代的演进，是需求满足过程的表现。其中，分工越是精细，语言也越是高级，使用更是需要通用化。

2.1.2.2 木桶理论的启示意义

木桶理论又称"短板效应""木桶定律"，这是管理学家彼得原理的延伸和深化。木桶的最大容量取决于最短的木板。该理论的核心是储水的木桶由许多块木块箍成，盛水量的多少是由这些木块共同决定的。只要有长短不一的现象，则短板限制最大盛水量。短板则为木桶盛水量的"限制因素"，或称为"短板效应"。在资源短缺的前提下，与实践结合，将效能最大化和剩余资源最小化相结合，通过补缺的路径，达到木桶最佳容量，是理论的目的与实践的追求。推而广之，无论是一个家庭、组织、单位，还是一个社区、地区、国家，或是个体、民族，甚至是组织的体系、机制、制度等，都有其短板。短板会限制整体效能最大化，制约整体的综合实力。那么，根据成本效益原则，比较中探究精准的补缺路径，是有效的对策。虽然传统木桶理论有其片面性和局限性，但也有其积极意义，一方面为新木桶理论的延伸打下了基础；另一方面，根据新木桶理论对传统木桶理论的演绎，影响其容水量的要素是多方面的。这为研究提供了更加全面的视角，探究解决路径的启示。但是，无论是传统的木桶理论还是新木桶理论，其核心思想在于补齐短板。由此及彼，将木桶理论延伸应用于一定空间范围，如果视同每一个空间范围为大小不同的木桶，则受制于不同地理环境的影响，每一个木桶存在各具禀赋的资源群落，但也有着自身的短板。即便是同一种资源，置于不同的区域背景，可能呈现的长短板恰恰相反。在同一资源群落中，资源要素利用效能取决于最稀缺的那个资源要素，这个资源要素包括数量和质量两个层面。如果一种资源稀缺或质量存在缺陷，则决定了其短板所在。它限制了其他资源要素发挥作用及效能的极限，或难以获取最佳效用，决定着该资源群的效用极限。换个角度，从资源要素配置而言，短板是其他要素作用空间的极限，这将影响最佳配置。由不同视角的"短板效应"可知，最稀缺或短缺的资源既决定了需求的短板，也决定了所生产产品或提供服务满足特定需求的短板所在。根据短板效应，只要解决短板，则可提高木桶的效能，这也是木桶理论的现实意义所在。逆向推之，要改变需求则要正视并重视短板，补齐供给短板，补齐资源短板。任何地区都有其短板，相对全国其他地区，青藏地区地理环境有自身的独特性，一定程度上决定了该地区的资源禀赋特征，既决定了稀缺资源，也决定了诸多短板及其对发展影响作用的程度。这也决定了该地区最突出的短板为贫困，一是语言"贫困"；二是经济"贫困"。而在导致经济贫困的因素中，语言贫困是不容忽视的因素。相对于全国的国家通用语言文字环境，从语言障碍及延伸的语言援助困境现象及其影响而言，普通话和规范汉字是该地区最突出的短板，由此语言生态环境可延伸出语言翻译服务的短板。从另一个角度诠释核心能力理论，这也是该地区核心能力之短板。因其短板效应，同时制约着其他核心能力发挥最大的功效，影响整个地区的语言生态环境。而补齐语言翻译服务短板，是解决语言援助困境，满足该地区语言援助需要的路径，继而拓宽国家通用语言文字推广普及的路径；国家通用语言文字全覆盖，是解决语言障碍的路径；优化语言翻译服务体系，是补齐语言翻译服务短板的路径。优化语言翻译服务体系，也是"逐步形成覆盖全社会的比较完备的公共文化服务体系"的路径之一。

2.1.2.3 路径依赖理论的启示意义

路径依赖是新制度经济学的概念，被广泛应用于选择和习惯的诸多方面。新制度经济学的主要代表人物道格拉斯·C.诺斯，首次提出"路径依赖"理论。《经济史中的结构与变迁》一文，以"路径依赖"理论阐释了经济制度的演进。一切选择都会因为"惯性"而存在路径依赖的现象，一定程度上，过去做出的选择会类似于物理学的"惯性"原理，决定了现在，甚至未来可能的选择；某一路径的既定方向，会在以后发展中得到自我强化。简单地说，即最优路径及其正确的方向，会对选择主体起到正反馈的作用。生命周期会随着惯性的冲力而延长，因此选择主体的发展会被带入良性循环的轨道，这个过程可能会加大获利空间；而错误的路径及错误的方向，会对选择主体起到负反馈的作用。生命周期会在惯性冲力的作用下陷入困局而缩短，选择主体的发展因此陷入沼泽；不适合的路径及方向，会对选择主体起到无效的反馈作用。生命周期会随着惯性的冲力而处于无效的状态，选择主体的发展因此可能会被锁定在某种无效的闭环里而裹足不前。一旦处于锁定界面，想要解锁会更加困难。基于成本效益视角的设想，对原有路径的改变，可能会增加经济学上所谓的"沉没成本"，而这也就意味着对报酬递增效应的消极影响，两者成反向关系。因此，成本效益原则决定了路径依赖现象的存在。无论是正确的路径，还是错误的路径，或者是无效的路径，都会在内外环境变动中存在新的选择机会，对组织而言，一种制度决策、设计制定、实施反馈，都会涉及既得利益者，为了避免沉没成本，持续既得利益，则有守旧的强烈要求，即使知晓新制度对全局更有效；对个人而言，一旦做出抉择，便会持续投入精力、人力、财物，即便发现选择的路径不合适，往往也会为了避免沉没成本而依赖固有的路径以替代新路径的抉择。如何处理路径依赖及其衍生的问题，路径依赖理论将为此提供一定的支持。

技术演进中的轨迹依赖。新技术的采用，往往具有报酬递增的性质。由于某种原因，占得先机发展的技术，以所占先机扩大规模降低单位成本而获得优势及市场定位；市场上不断扩大的份额，在学习效应和协调效应作用下，使它被市场接受而更加流行，这就使得人们相信它会更流行而助推其实现自我增强的良性循环；相反，更为先进的技术，却难以获得愿意放弃原有技术转而采用新技术的足够大规模的追随者，因此陷入为了超越，夺得已被占有的市场可能会采取各种路径，包括错误的、不恰当的，或无效的路径，选择错误的方向或非正确的方向，并因为轨迹依赖而陷入恶性循环的怪圈，或陷入低效或无效的循环，甚至被"锁定"在某种被动状态中难以自拔。这就为解释新技术为何难以推进，提供了理论依据。

制度变迁的"轨迹"概念。为了从制度的角度解释所有国家发展道路不同以及有的国家长期陷入不发达并总是陷入经济落后和制度低效等怪圈的问题，诺斯（North，D）创立了制度变迁的"轨迹"概念。诺斯认为经济发展历程也类似于物理学的"惯性"，即便刹车了，也会因为惯性有持续的动力而循着既定的轨迹运行。选择某一体制则由于规模经济、学习效应、协调效应、适应性预期以及既得利益约束等的存在，报酬递增和自我强化的机制使其沿着既定的轨迹，以既定的方向不断自我强化，这也便会产生制度变迁的"路径依赖"现象。也因此，可以解释当惯性的机理引用到体制、制度、机制、体系或其他的变革、改革或创新时为何难以推进，甚至出现阻力的问题。如前所述，应该是成本效益变量的介入，为了避免沉没成本，保障既得利益最大化，出现自觉性的制度变迁的"路径依赖"，或被动地陷入"路径依赖"困境。

制度变迁中的路径依赖。制度变迁中的路径依赖，是对技术变迁理论的进一步演绎。诺斯推及阿瑟技术变迁机制到制度变迁，用"路径依赖"概念来描述报酬递增和自我强化机制的影响。过去的绩效对现在和未来的强大影响力，证明制度变迁同样具有报酬递增和自我强化的机制。当这一前提条件使得制度变迁选择某一路径，则既定方向会在发展中不断自我强化，使累积制度向路径依赖变迁。其主要内容：第一，制度变迁与技术演进同理，存在报酬递增和自我强化机制，并使制度变迁在选择了某一路径，则其在既定方向发展中，会因为报酬递增而得到自我强化，原有制度及其实施路径可能会更加固化。即"人们过去做出的选择，决定了他们现在可能的选择，并影响未来可能的选择"。这种选择的可能结果：沿着既定的路径，经济和政治制度的变迁进入良性循环的轨道，迅速优化；经济和政治制度的变迁也可能因为错误的路径而陷入泥潭；经济和政治制度的变迁被锁定在某种无效率的困境中，仅仅依靠自身的力量是难以脱困的。当进入了锁定状态，往往需要发挥外部效应，引入外生变量，才有可能扭转原有方向。第二，受市场交易的影响，制度变迁与技术演进存在差异。诺斯指出，决定制度变迁路径的有两种力量，一种是报酬递增，另一种是不完全市场。随着报酬递增和市场不完全性增强，制度变得非常重要，自我强化机制既有条件也能起作用，只是某些方面呈现出差异：①一项制度需要大量初始设置成本，随着制度推进，单位成本和追加成本都会下降；②学习效应，适应制度而产生的组织会抓住制度框架提供的获利机会；③协调效应，由适应而产生的组织与其他组织缔约，具有互利性的组织的产生及其对制度的进一步投资，以实现协调效应。更重要的是，一项正式规则的建立会催生其他正式规则，以及一系列非正式规则的产生，以补充这项正式规则；④适应性预期，特定制度为基础的契约盛行，减少制度可持续的不确定性。制度矩阵的相互联系网络，将会产生更多的递增报酬，递增的报酬又是特定制度轨迹可持续的推动力，从而决定经济长期运行的轨迹。第三，制度变迁比技术演进更为复杂，行为者的观念及其主观抉择，起到更为关键的作用。

路径依赖是对事物发展的前进性与曲折性统一的哲学原理的诠释。首先，事物发展的前进性即新事物必定战胜旧事物。第一，新事物符合客观规律，代表了事物的发展方向，因而具有强大的生命力和广阔的发展前途，没有什么力量能够阻止它的成长壮大；第二，新事物具有旧事物无可比拟的优越性。因为新事物吸取和发扬了旧事物中积极的、合理的因素，并增添了富有生命力的新内容；第三，在社会领域里，新事物从根本上符合绝大多数人的利益，必然会得到拥护和支持。其次，事物发展的曲折性即新事物的发展不是一帆风顺的，一般都要经历艰难曲折的过程。这是因为：第一，新事物的成长总要经历一个由小到大、由不完善到比较完善的过程；第二，旧事物绝不会自行消亡，它总是竭力扼杀和摧残新事物，阻止新事物成长壮大。这在社会历史领域中表现尤为明显；第三，在社会历史领域中，人民群众对新事物从认识到理解直至接受，需要一个过程。最后，事物发展是前进性与曲折性的统一。也就是说，事物发展的总趋势是前进的，而发展的道路是迂回曲折的。

路径依赖理论，为解析封闭环境下封闭的语言环境及其语言生活状态，为阐述语言障碍及其援助困境的真正机理，提供了理论依据。青藏地区受制于地理环境的影响，尤其受制于自然环境的左右，无论是经济还是语言，陷入了封闭的低效的路径依赖的状况。其中最直观的路径依赖的表现，就是长期存在的语言环境的封闭及汉语言障碍的短板现象。长期以来，提升汉语言能力是当地人群补齐语言短板，降低其对可持续生存影响的需求。而如今瞬息万变的社会面临更多不确定风险因素，使该地区更加需要补齐短板，通过提高汉语言能力，摆脱语言援助困境，进一步解决语言障碍问题。

汉语言能力提升的大系统及其内部各子系统都在环境演变中处于动态的变化中。根据权变理论，不存在普遍适用于所有环境的支撑系统有效运行的最佳体系，每一个子系统也不存在一成不变的体系。每一个体系都是应运而生，根据内外部环境及条件的演变而随机应变调适的结果。各体系与其环境之间，以及各子系统之间都应寻求最大的一致性，这也是优化体系的主要任务。只有相互间的和谐，才能提高效能、效率和满意程度。从另一个角度也反映出推普路径需要沿着不断增强和优化的轨迹演进，避免陷入制度锁定状态。为此，国家通用语言文字能力提升不仅从教育体系路径推广普及国家通用语言文字，而且从更广泛的公共文化服务体系视角打破封闭之局，解开陷入效率不高的路径依赖之锁。根据环境的不同，短板效应的消极作用，借鉴管理学基本理论基础，考虑成本效益原则，基于权变理论，因地制宜，站在公共文化服务体系系统性多、快、好、省地解决语言障碍问题的视角，贯彻落实《中华人民共和国国家通用语言文字法》，推广普及国家通用语言文字，拓宽教育体系推普路径，探索优化汉藏-藏汉翻译服务体系，不失为有效的路径。

2.1.2.4 信息不对称理论的启示意义

信息不对称理论，是指在市场经济活动中，各类人员对有关信息的了解是有差异的。掌握信息比较充分的人员，往往处于比较有利的地位，而信息贫乏的人员，则处于比较不利的地位。该理论认为，市场中卖方比买方更了解有关商品的各种信息。买卖双方中，拥有信息较少的一方会努力从另一方获取信息。掌握更多信息的一方可以通过向信息贫乏的一方传递可靠的信息来获益。信息不对称，使市场交易双方总有一方会因为获得信息的不完整，而对交易缺乏信心，对于商品交易而言，这个成本是昂贵的。

信息经济学认为，信息力量对比过于悬殊，造成市场交易双方利益分配结构严重失衡，影响社会公平、公正的原则，以及市场配置资源的效率和资源最优配置的效果。信息经济学的意义不仅在于揭示了信息不对称现象，而且还说明了信息的重要性。市场信号显示，在一定程度上，可以弥补信息不对称。纠正偏差，解决问题的目的在于减少信息不对称现象，以减少由此造成的暴利，维护资源分配效率及公平原则，这是信息经济学的主要目的。信息不对称理论揭示了市场体系的缺陷，完全的市场经济并不是天然合理的，完全靠自由市场机制不一定会给市场经济带来最佳效果，特别是投资、就业、环境保护、社会福利等方面。信息不对称理论呼吁政府在市场体系中发挥强有力的作用，减少由于信息不对称对经济产生的危害。无论是经济手段、法律手段还是行政手段的干预，都应以充分的信息收集为前提，及时将信息转化为推动经济社会发展的动力，加大对经济运行的监督力度，使信息尽量由不对称到对称，消除由市场机制所造成的不良影响。

审视信息不对称理论，借鉴其核心内容，将其作为理论依据引入选题，研究在于延伸其内涵。通常在默认语言没有障碍的前提下，人们认为信息差异决定市场交易双方的地位及获利程度，信息不对称演绎市场经济的缺陷，影响交易。人们关注的是交易方对于信息内容本身的掌握程度，或距离信息的远近，在乎主动权及其带来的利益。但人们忽略了有些地区存在语言障碍的现象，且在需要语言援助解困语言障碍的时候，却没有足够的资源来解困，以传递信息。人们也忽略了语言本身就是信息，也是信息承载体的特征。在一定条件下，语言障碍是信息不对称的屏障，横亘于信息供需者之间，使市场交易双方获得信息不完整，加大交易成本。

语言障碍会加剧信息不对称的程度及其对市场交易的影响。例如，人们在该地区交易的过程中，因为语言障碍，出现买卖双方信息错位的现象。语言传递不畅，将影响交易的最佳结果。相对于掌握国家通用语言文字者而言，语言障碍所导致的信息不对称，或语言障碍这一信息不对称现象是客观存在，并影响到市场配置资源的效率和资源最优配置的效果。语言障碍造成的信息资源的悬殊，不仅影响市场参与程度，交易的获利程度，而且影响教育资源的获取，就业机会的获取，影响收益的获取能力。社会的发展具有一定的不确定性，语言障碍加剧了信息分配的失衡和不确定性。为此，解决语言障碍，纠正信息偏差，弥补信息不对称，是亟待解决的问题。以便掌握充分的信息，减少信息不对称现象，维护资源分配的效率和公平。

研究将信息不对称理论引入选题作为研究的理论依据，目的在于延伸信息不对称理论的运用范围，说明信息不对称理论不仅适用于市场经济解释经济现象，还强调该理论同样适用于以公共文化服务体系视角讨论国家通用语言文字推广普及，解决语言障碍和语言援助困境的范畴。通过信息不对称理论所展示出的影响，进一步说明居于极端自然环境，特殊地理位置，具有民族结构特点的青藏地区解决语言障碍，对于公共管理、社会治理、可持续性生存的重要性。研究进一步强调解决语言障碍和语言援助困境，需要政府在其中发挥强有力的作用，以减少语言障碍这一信息不对称对政治经济文化诸多方面产生的消极影响，并将国家通用语言文字信息转化为推动经济社会发展的动力。由此可见，信息不对称理论，为优化语言翻译服务体系，为提升国家通用语言文字能力，解决语言障碍，增强语言援助能力提供了理论依据。

2.1.2.5 协同效应的启示意义

德国物理学家赫尔曼·哈肯提出协同效应概念，系统地论述了协同理论，并发表了《协同学导论》等成果。协同效应简单地可以认为是"1+1>2"的效应,但其内含的意义在于:第一,一个企业可以是一个协同系统。协同论认为整个环境中的各个系统间存在相互影响而又相互合作的关系,社会现象亦如此。如任何体系、组织中不同组成部分间的相互配合与协作关系,以及系统中的相互干扰和制约等都是这种关系的表象。其中,可分为系统外部的协同和系统内部的协同。外部协同是指一个集群中的企业由于相互协作共享业务行为和特定资源,因而将此作为一个单独运作的取得更高盈利能力的企业;内部协同则指企业生产、营销、管理的不同环节,不同阶段,不同方面可作为共同利用同一资源而产生的整体。第二,协同是经营者有效利用资源的一种方式。第三,有效利用资源可以使公司整体效益大于各个独立组成部分总和的效应,分为外部协同和内部协同效应。任何一个小的单位都存在于环境之中,在这个环境中各单位都是关联的,一个整体的各单位之间都存在外部协同效应,单独的单位内部存在内部协同效应。再小的单位,都有相同的原理。第四,协同效应经常被表述为"1+1>2"或"2+2=5"。这应该是物理化学现象的增效作用,即两种或两种以上的组分相加或调配在一起,所产生的作用大于各种组分单独作用的总和。协同效应常用于指导化工产品各组分组合,谋求最终产品性能增强。第五,其中对混合物产生增效效果的物质称为增效剂。

为了突破路径依赖,在文化差异背景下审慎规划,著者科学选择,维护汉藏-藏汉翻译服务体系优势或者补齐短板,发挥"汉藏+藏汉翻译服务路径>2"的协同效应,减少出问题的可能性以及问题出现后的负面影响;和谐运作,规避、分散风险,多元化路径开拓国家通用语言文字推广普及广度和深度,增加提升国家通用语言文字全覆盖效能的概率。这为研究提供了理论依据,也为研究创新提供了理论启示。

2.1.2.6 新公共服务理论的启示意义

总括而论,新公共管理兼具改革运动和管理工具功能,体现了价值理念,突破学术路径依赖。新公共管理的理论源自改革运动追求效率的实践,这个实践由市场机制的思想、主张和观点构成的理论体系突破了科层无效率的理论体系,经过诸多因素共同作用,追求"三E"的期望标准,即效率、效益、经济,丰富了公共管理理论。反过来,推广又指导西方国家公共管理实践,对我国公共管理理论本土化应用,有一定启示。

新公共管理理论的演进是时代背景演进的表征，是为了满足各相关利益方解决实际问题、化解矛盾和危机、摆脱困境的需求为导引的过程。西方各国"重塑政府运动""企业型政府""政府新模式""市场化政府""代理政府""国家市场化""国家中空化"等不同称谓为标志的"新公共管理运动"，正是这样一个过程。这个过程的缘起：20 世纪 70 年代石油危机引发了政府财政危机，工业化、科技发展及社会进步引发了系列新的政治、经济矛盾，全球化和后工业化进程加快引发了更为复杂的公共问题，不确定性因素的增加加大了政府管理危机。二战后不断扩张的政府职能、膨胀的政府规模、低效的管理与回应性差之间的矛盾及其衍生的问题，引发了公众对政府的信任危机。多重危机叠加，官僚制政府陷入信任危机的恶性循环的困局；20 世纪七八十年代起新右派学说试图引入市场和竞争机制以解决政府失灵问题，这也加剧了和保守主义政治意识形态的碰撞；经济全球化趋势和信息化带来了新的竞争压力、危机和挑战；新技术的日新月异、信息化的加速为公共管理提供了新的技术支持平台的同时，提出变革与调整的更高要求；此外，私营部门高效的管理理念、技术和方法与公共部门低效的管理理念、技术和方法形成反差，也因此引起诸多反思；经济理论的变革从另一个视角反映了政府改革的实践运动。其中，公共选择理论、委托代理理论、交易成本理论为公共管理引入市场机制改革提供了理论支持。鉴于这诸多因素的影响，基于现代经济学和私营企业管理理论和方法，新公共管理运动的实践同时也成为新公共管理理论的来源，并促使理论成为行政改革的主导理论。

公共选择和交易成本理论与新管理主义理论衍生出不同方向的新公共管理理论。第一，弗里德曼和哈耶克的"小政府理论"，即政府应提供市场做不了也做不好的服务，以缩小管辖的空间范围，即提供非排他性的公共产品和服务。"小"仅限于空间范围，并不包括能力及竞争力；第二，哈默和钱皮的"流程再造"理论，即重新改造和超越官僚制。包括以提高效率、效能和质量为目标重新设计工作流程，以顾客需求和满意度为目标改造业务流程，以组织成本、质量、服务和速度等的改善为目标建立全新的过程型组织结构替代传统的职能型组织结构；第三，霍哲的绩效评估为管理工具的改进绩效的理念，并在其设计的绩效评估流程中体现了公民参与度提高所获得的评估结果和绩效信息对政府政策和项目管理的积极意义。此外，为实现消除由官僚制、利益集团以及专业化结构所带来的回应性障碍的目的，霍哲提出建立以顾客为中心的、持续改进的、强调授权和协作为基础的全面质量管理的公共机构。

新公共管理实践从英国、美国、澳大利亚和新西兰扩大到其他国家和地区，其实践在关注公共部门改革的同时也关注政府与社会、政府与市场关系的改革。改革的主线为政府退而市场进，改革的重要特征为公共服务领域的市场机制的作用以及私营企业管理技术和方法的借鉴，政府的管理能力和公共服务能力的提升。新公共管理理论有助于提高公共管理的有效性和促进社会可持续发展。

新公共管理理论应时代背景，在政府出现诸多需要改革来解决的矛盾、困境等问题时，该理论指导的适配性脱颖而出。从其主张、原则、内容、目的而言，试图在传统的载体中移植，致使异体如私企具有生命力的积极因素，并不能使其替代。从不同的视角而言，各载体有其自身的职能。政府行政部门无论是在政策管理、规章制度、保障平等、防止歧视，还是在保持全社会的凝聚力等方面，有其自身的定位及地位，发挥着其他载体无法替代的作用。

全球经济一体化的进程对理论指导实践的需求也在不断更新，不同国家在时代背景演绎的实践中面临着新问题、矛盾、困境。以往的理论指导在实践中显得力不从心，人们的关注点也在不断转移，各种声音参差不齐、层出不穷。民主公民权理论主张国家和公民的关系主要表现为政府要确保一定的程序和公民权利，使公民能够根据自身利益做出选择；社区与公民社会理论认为彼此关怀、信任、协作关系的社区是社会治理的有效途径；组织人本主义思想重点在于组织的感情共鸣、尊重及创造性和对话功能，这不仅使团体和组织能够更加有效、负责地应对环境的复杂性，而且有助于个人的成长和发展；后现代公共行政理论认为开诚布公的对话是政府治理的基础，增进公共对话，可以恢复公共行政领域的合法性意识，对话的方式比测量和分析的方法更有解决公共问题的可能。新公共服务理论主张公共行政研究和实践应关注价值，而不只是关注事实；关注主观人类意义，而不仅是关注客观行为，更要关注现实人们之间的关系所蕴含的情感。

新公共服务对新公共管理的批判和超越。第一，公私部门混淆的批判。新公共管理的公共部门私有化主张，实际是放弃政府公共服务职能，逃避提供社会福利责任；第二，"经济人"假设的批判。经济人假设是新公共管理和民主社会核心价值冲突的症结所在，基于自利动机驱动，最终必将引发公共利益与公共伦理危机；第三，政府角色定位的批判。在现代民主社会中，政府角色为掌舵既不合适，也不可能；第四，企业家精神的批判。企业家精神引入政府会导致效果优先而程序第二，甚至出现不讲程序的局面，这是对政府根本性的误解；第五，顾客导向的批判。假如按照市场经济的逻辑，则政府会对顾客区别对待，甚至抛弃被认为没有价值的顾客，这在公共部门是不可取的；第六，绩效评估的批判。政府的很多服务项目的成本、产出和绩效很难量化，因此难以准确测量和评估，而且政府有的项目不计经济效益，强调社会效益为先。新公共服务理论本质上是对新公共管理理论的一种扬弃，试图建立一种更加关注民主价值和公共利益的理论。

总之，新公共服务理论与新公共管理理论所依托的时代背景不同，决定了研究成果所具有的时代特征。新公共管理理论基于自利"经济人"假设，以个人利益的集合为重，采取分权的公共组织形式，依托企业家精神理念来设计市场化配置的创造机制和激励机制，并扩大政府的自由裁量权。自新公共管理理论产生以来，力图基于委托-代理理论和交易成本理论，对私营部门和工商企业管理有效地侧重于经济、效益和效能的成本效益绩效管理、战略管理、目标管理、灵活且具有弹性的组织模式、顾客至上、结果控制等方法赋予公共部门管理以实践企业家政府理论。而科技革命、知识经济、全球化、信息化、市场化、法治化背景，给西方国家政府及私营部门带来不同以往的压力，企业家政府理论与所指导的公共管理职能实践及公共产品服务供需在市场竞争机制的运作中，矛盾越来越突出。其中，政府、市场、社会和公民在公共管理过程中各有资源供给，对其本质的认知各有站位，也各有需求和目标，这决定了内在的逻辑关系及利益关系，也决定了各方不同视角的经济与财政、社会与政府治理、公共管理和民主制度矛盾。为解决诸如此类的矛盾问题，需要理论突破原有的路径依赖困境。

新公共服务理论超越新公共管理理论，通过理性的公益人假设，以民主公民权、社区与公民社区、组织人本主义思想等为理论基础，重视公民权利，强调公平参与意识、政府责任和公共精神，追求共同价值观强调协同效应的共商结果。新公共服务理论将关注点转向研究公共管理的相对方，试图将管理与被管理的不对等的上下关系延伸为服务的平等关系。新公共服务理论试图以合作型组织形式，多元化配置和激励机制，满足社会内在的需求。也就是说，新公共服务更加注重公共服务的尊重、尊严、价值、民主、公民权利、合作分享、公民参与等这些无形的价值和内在的体验感。这是理论研究与时俱进的结果，也为研究给予了启示。

为了满足新公共服务的质量、公共服务效益的多维度需求，绩效评估引起广泛的关注。政府公共服务有其预期绩效目标，绩效评价是政府绩效管理的组成部分，有着共同的依据和目标，也是其特征之一。绩效的内涵最早出现在企业管理，包括业绩和成效两个部分。绩效的关键点在于通过评价规制引导试图获取绩效的组织或员工在预设的指标体系框架结构中，实施工作行为、工作方式和获取工作预期的结果。政府绩效管理的兴起，以20世纪80年代初英国将企业绩效管理相关理念引入政府公共管理为标志，是新公共管理运动的核心理念。此后，不断有国家推行政府绩效管理。中国将政府绩效分为政治绩效、经济绩效、文化绩效和社会绩效等，不同的标准有不同的分类，每一种分类不是孤立隔离的，而是相互关联的。政府绩效管理是一种整合多种管理理论和工具的系统框架，利用绩效信息设定统一的组织目标再进行最优资源配置，以实现组织既定目标计划的一系列管理活动的总和；是强调管理者通过评价组织或员工的工作绩效，确保组织和员工的活动及产出和组织目标保持一致的手段和过程。其应遵循的原则：第一，外部评价原则，公民参与导向；第二，结果导向原则，公众满意度导向；第三，效益原则，公共服务效率导向。

新公共管理、新公共服务给予我国新公共文化服务理论的借鉴意义在于新公共文化服务的公共文化服务体系本土化建设，为我国公共文化服务及其体系建设奠定了理论基础。新公共服务理论的公民权利、公共对话、沟通协商和互动合作、社会资本等核心概念所构建的公共服务新的框架模式，对于创造条件保障公民文化权利提供了理论依据。新公共服务理论对于集体意识的解读，给予公共文化服务体系建设以共同参与、公共对话、民主化、执行过程和预期目标实现程度等良性互动关系的启示。即公共文化服务的公开性、民主性和互动性建设，建立政府与公民的信任与合作关系；根据社会公共需求的多样性，公共政策目标难以确定的公共管理特征，提出分散化的管理决策模式。

相对于青藏地区，地理环境决定了包括国家通用语言文字在内的诸多短板效应，短板现象决定了公共文化服务的区域性特征。经济基础和社会文化基础的区域性特征，既决定了这个地区本民族语言习得路径依赖的根深蒂固，也决定了汉语言习得固有的局限性。突破路径依赖，发挥协同效应补齐短板，从汉语直接推广普及路径和间接的语音翻译实现汉语推广普及路径而言，关注汉藏-藏汉翻译服务，决定了相应的公共文化服务体系建设中需要满足这一区域性的特征的共性需求。当这个体系在明确政府主体责任的条件下，承载了这一公共文化服务，则赋予了公共文化服务体系本土化特色和内涵。

2.2 国内外研究现状

不同历史发展阶段的理论，站在当时所依托的不断演进的具有差异的地理环境及其衍生的理论而积累成果。理论的脉络，也反映了现实实践的脉络。

2.2.1 国外研究现状

公共文化服务是公共服务的一个模块，所谓公共服务是以政府等公共部门为主，为全体公民提供共同消费与平等享用的服务，通过广义的包括公共产品的公共服务，满足社会公共需求。

世界各国公共服务主要涵盖基础教育、基本医疗卫生、就业服务、基本社会保障、保障性住房、基础科技和公共文化、公共安全、环境保护、基础设施等指标内容。一般具有三个基本特征，一是普惠性，公共服务体系建设奉行的基本原则是提供普遍的公共服务；二是公平性，其内在要求让公共服务对象公平便捷享有公共服务；三是动态性，公共服务随经济社会发展而具有阶段性上台阶的特征。公共服务所涵盖的各指标内容，既可以是该体系自成体系的子体系，又是整个体系的内容指标，支撑公共服务体系。地理环境既决定了公共服务体系整体的共性特点，也决定了区域性个性差异。

西方国家公共服务体系建设经历了三个历史阶段：第一是 19 世纪有限公共服务和国家兴办部分公共福利事业以改善民生阶段；第二是 20 世纪 20~60 年代西方国家基本建立了公共服务体系阶段；第三是 20 世纪 70 年代开始的公共服务市场化和社会化完善公共服务体系可持续发展的改革阶段。按照不同发展阶段，公共服务体系的主要类型：一是以发达国家为代表的公共服务体系。其中，包括以美、德、日为代表的公平与效率兼顾型和以英、法与北欧国家为代表的公平主导型，二是新兴工业化国家的公共服务体系。不同的国家侧重点不同，各有特点。例如，韩国的特点是抓基本收入、基本医疗、基本教育和基本居住保障四个领域。新加坡的特点是广覆盖，注重政府责任，三是俄罗斯和印度等国的公共服务体系，四是拉美主要国家的公共服务体系。

公共文化服务具有公共服务的共性特征，也因其自身的特征有相适应的公共文化管理体制。20 世纪中叶后，西方发达国家的公共文化服务体系建设推进经济社会发展。在此背景下，各国受历史原因、基本国情、文化差异等影响，形成了三种主要的公共文化服务供给模式。第一种政府主导模型，是以日本、法国等为代表的"中央集权"或称"政府主导"的公共文化服务模式。政府在这种模式中，设置文化行政部门机构，通过官僚阶层强制手段直接管理国家公共文化事业，公共文化服务工作和农村公共文化服务事业。其中，政府主要扮演政策制定者、资金供应者和生产安排者的角色；第二种"民间主导式"，是以美国、加拿大、瑞士等为代表的"市场分散"或"民间主导式"的公共文化服务模式，即由非正式组织和非营利机构开展大量的公共文化服务，而政府通过制定政策法规来营造良好的文化环境，以保证各类文化团体和机构顺利开展公共文化服务活动；第三种"一臂之距"式，是以澳大利亚、芬兰、英国等为代表的公共文化服务模式，即政府文化主管部门不直接插手具体文化事务和文化经费分配，只对文化建设、发展和管理进行宏观政策指导、财政拨款，政府以一臂之距与民间组织建立起具有分配文化资源、提供文化事务的管理和文化服务功能的伙伴关系。

公共服务、公共服务体系和公共文化服务、公共文化服务体系的关系，从其分类中可见一脉相承的轨迹。公共服务可以划分为政治类公共服务、经济类公共服务和文化类公共服务，对应的公共服务体系为政治、经济、文化类公共服务体系。公共文化服务体系在具有公共服务体系属性的基础上，具有自身的属性。公共文化服务体系从社会调节型、政府主导型到多元复合型，各自形成了共性的实践做法。社会调节型公共文化服务体系，主要依靠社会力量[①]引导和调节农村公共文化服务供给的实践类型；政府主导型公共文化服务体系，设置公共文化服务行政管理机构，通过行政的强制手段直接管理全国公共文化服务工作和农村公共文化服务事业。地方文化行政机构有较多管理文化事务的权力和责任，主要负责地方居民的精神文化生活，推行地方特色文化政策和计划，扶持地方各具特色的文化。将市场供给和社会供给方式运用广泛。健全法律监管机制，为确保国民的文化权利提供监督和管理保障。有效多元的筹资机制，为公共文化活动提供资金支持。政府、市场和社会力量较好地参与公共文化服务的筹资过程，为基层公共文化服务开辟资金筹集渠道。多元复合型公共文化服务体系，是一种综合运用集权、分权和放权等多重手段，调动多元供给主体参与农村公共文化服务供给的实践类型。这种实践类型特色对不同的公共文化服务，或相同公共文化服务不同层次，采取不同的供给方式，政府、市场和社会主体都能较好地参与公共文化服务的供给。

---

① 社会力量即民间文化机构和中介组织，是提供农村公共文化服务供给的主要力量。

国外三种主流的公共文化服务供给体系分别为：以英国为代表的政府与社会共同治理体系，以法国为代表的政府主导体系，以美国为代表的市场主导体系。政府社会管理与公共服务成本与效益，是对政府管理能力的考核。1983年，英国财政部在《英国国家审计法》中提出政府绩效评估3E模型。随着实践增加了公平性指标，由包含3E的模型升级为包含4E的模型，以此考察社会公众评价，社会公众和政府互动的评价以及社会公众满意度。公共服务绩效评估，需要将相关因素整合为目标框架，综合考虑应对的风险、解决的问题及制度和组织安排，多层级政府间关系及私营机构、公民参与和社区参与等因素。2000年，《世界文化报告》构建了六大文化指标，其中包括文化活动和趋势、文化发展脉络、文化习俗与遗产、文化协定、翻译以及文化贸易与传播趋势等。2007年，英国采用国民指标体系（National Indicator，NI）考核地方政府公共文化绩效，指标设计重点体现系统性和回应性特征。系统性而言，在既有的指标体系内完善系统以衡量绩效；回应性而言，指标反映公共目标涉及对象或政策客体的态度与评价。总之，评估客观地展现公共文化服务绩效特征。例如，英国公共文化服务绩效评价17个指标四个维度，包括公共文化服务获得、参与、质量及投资收益；美国民间主导模式主要以制定法律法规以及各类文化团体或组织机构管理文化服务，充分利用市场机制实施调节。美国公共文化绩效评价六个方面指标包含公众参与、公众态度、政府部门提供的基础设施、人力资源、就业及教育可获得状态。

国外对我国藏文文化外译服务的研究较早，很多学科在藏文翻译文化服务研究中有一定的成果。不少藏语言文本承载的文化被翻译为多种外文版本，以满足市场的需求，包括文学作品、藏传佛教典籍等。例如：《萨迦格言》被翻译为英、法、日、捷等多语种的译本。《格萨尔王传》和《仓央嘉措情歌》被翻译为20多种外文译本。值得注意的是，无论是翻译的公共文化服务，还是非公共文化服务，一旦缺乏标准，则难以规范翻译，也就更加难以提供本源的文化服务。

2.2.2 国内研究现状

新公共服务理论源自实践。自改革开放以来，学术界试图将西方公共服务理论本土化，建设具有中国特色的公共文化服务体系。经过40多年的发展，公共文化服务基础设施得到进一步夯实，确立了经费和人员保障机制，建立了多元化供给体系，建成了现代化公共文化服务体系；以"文化+"理念推动公共文化服务多维创新，拓展公共文化服务的治理功能，促进经济文化社会互促共融；提高公共文化服务建设国际化水平，在文化交流中增强文化自信。

新公共服务理论在国内经历了引入、反思批判、逐步应用的阶段。归集本土化历程，1978~2002年为第一个阶段。我国行政管理体制的重大调整和改革，成为梳理新公共服务本土化历程的节点。2002年，突破原有管理体制模式，在培育和建立新的行政管理体制中引入政府"新公共服务"概念。"新公共服务"理念，为政府管理主导发展模式转变为政府服务主导发展模式提供理论依据；2003年至今为第二阶段，其中，2003~2012年确立了公共服务体系建设的理论，为公共文化服务体系建设奠定了基础。2013~2020年是建立覆盖全面、达到世界平均水平的公共服务体系阶段，这个阶段主要以社会主义核心价值观为基础，重树为人民服务理念。2020年之后，是提高、健全、完善公共文化服务体系阶段。这个阶段的公共服务体系达到中等发达国家的公共服务水平，基本满足人民群众日益增长的公共文化服务需求（如表2-4所示）。

新公共服务理论的发展历程是城市、农村或发达地区、欠发达地区不同空间公共服务体系的建设过程，其中的结构性差异客观存在。这也决定了公共文化服务体系建设的过程及其结构性差异，不仅包括纵向的结构性差异，也包括横向的结构性差异；不仅包括理论的结构性差异，也包括实践的结构性差异。

表2-4 新公共服务本土化历程

阶段	时间		核心内容
第一阶段	1978~2002年		引入公共服务概念
第二阶段	2003年至今	2003~2012年	引入公共服务理念，创新政府服务职能
			2012年，公共服务体系建设理论确立
		2013~2020年	覆盖全面、达到世界平均水平的公共服务体系
		2020年之后	提高、健全、完善公共服务体系

自2005年"公共文化服务"理念提出后，国内就概念内涵、作用意义、实施主体、服务模式、指标内容等方面从政治、经济、文化、社会等多个学科对相关理论和实践进行研究，但主要集中于政治学和图书馆学领域和硕博

层次。2010年以来，公共文化服务划分为综合研究和专题研究。研究成果可见研究趋势及研究内容的结构性差异。

"公共文化服务"的界定，取决于主体的设计，强调政府的主导性、特殊的公益性和服务性。主要有两种代表性的观点，一种是从经济学角度以是否付费作为"公共性"的认定标志，这个观点强调公共文化服务是一种活动，这个活动主要是进行资源配置，而资源配置的目的是获得社会效益，社会效益获得的载体是具有非竞争性和非排斥性特征的公共文化产品，判断的依据是公共文化产品不营利。另一种是管理学的观点，强调公共文化服务包括公共文化产品或公共文化服务、文化政策服务和文化市场监管服务。公共文化服务主体的界定也有两种观点，一种是以保障公民的基本文化权益，满足公民基本文化需求为目的的，以政府为主体主导的公共文化服务，政府出钱，相关文化机构免费提供，公民免费享受文化服务为标志；另一种是由政府主导、社会力量参与，或经过授权的公共机构等多元主体提供公共文化服务，以所提供资源的公共性满足公民基本文化需求为标志。有研究认为公共文化服务包括"公共基本权利""公共文化需求""公共文化服务和产品"，也有研究所指的公共文化服务，是公益性文化机构所提供的公共文化服务，如图书馆、文化馆、美术馆、博物馆等提供的服务。但是，公共文化服务的内容范围的边界会产生与时俱进的变化。随着科技的发展，赋予公共文化服务现代化科技的内涵。互联网、物联网、大数据时代深刻影响着全球技术、产业布局、语言知识文化、社会秩序，影响着政府变革、治理理论、模式职能，影响公共文化服务的供需理念，影响着公共文化服务体系的更新换代和优化完善。

公共文化服务具有鲜明的普及文化教育功能。公共文化服务具有共有性、公益性、公众性和共享性，以及鲜明的文化教育和普及功能。在初级阶段，公共文化服务往往不采用市场化经营管理方式，以避免市场经济体制弊端的消极影响。公共文化服务的内容包括政府负责投资的公益事业和服务水平、产品创新、机制和体制，基础保障包括基础设施、人才队伍、政策建议、技术资金等方面。

供给侧结构性改革的背景加上数字化信息技术，促进农村公共文化服务供给精准化，丰富了公共文化服务理论，推进公共文化服务模式的创新，提高了公共文化服务供给效率和公共文化服务均等化水平。供给侧改革，拓展了农村公共文化服务因地制宜中国特色研究的视角。特定地区、特定人群公共文化服务现状的调查，反映了西北民族地区农村公共文化服务区有别于其他地区的特征。例如，自然条件、地理环境限制了基础设施建设效率，民族结构决定了国家通用语言文字、语言翻译等公共文化服务需求的特殊性，也决定了公共文化服务供需不匹配，基本文化需求难以得到有效回应等现实问题的客观存在。为了解决这些问题，从20世纪80年代中后期，国家开始了文化扶贫的探索，经历了1993~2015年粗放救济式文化扶贫阶段和2015~2019年的精准服务的文化扶贫阶段。公共文化服务精准化主要指的是政府作为服务主体，对不同时期、不同地区、不同群体的差异化需求，运用科学有效的方法精准识别，多样化精准供给和精准管理，对绩效结果精准评估，并引导公共文化资源合理配置的过程。其中，公共文化服务供需的精准对接是关键。借鉴"精准扶贫"要义，具体可以从精准识别、精准供给、精准管理和精准评估等维度"5W1H"构建精准化分析公共文化服务的框架结构（如表2-5所示）。公共文化服务体系建设的迫切性和重要性，决定了2009~2019年成为国家文化事业发展的重点目标。

表2-5 公共文化服务精准化体系分析的框架结构

项目	要素	环节
公共文化服务精准化	精准识别	Why—明确公共文化服务精准识别的原因
		What—明确公共文化服务化需求及在特定区域提供的条件和内容
		Where—确定现场或非现场识别，有形空间或无形空间识别
		When—需求的精准识别贯穿于整个公共文化服务的供给过程
		Who—政府是核心主体，同时兼顾其他主体参与
		How—根据情况选择特定的逻辑、程序和方法
	精准供给	Why—精准供给实现精准识别的价值
		What—精准识别的目标人群一致
		Where—视公共文化服务内容和项目而定
		When—资源条件许可则公共文化服务供给紧跟文化需求的识别
		Who—任何一个组织或个人都可以精准地提供公共文化服务
		How—根据不同人群的需要提供不同公共文化服务，充分考虑个体差异

续表

项目	要素	环节
公共文化服务精准化	精准管理	Why—确保公共文化服务各环节协调配合，服务系统有序运行
		What—精准识别、精准供给、精准管理、精准评估等过程和环节的管理
		Where—精准管理随地进行
		When—精准管理随时进行
		Who—政府是核心，需要其他主体如文化部门、财政部门等多部门联动
		How—借鉴公共管理领域的技术和手段，强调需求导向精准化管理
	精准评估	Why—提供经验，后期反馈结果有显著改进
		What—评估供给是否基于需求，是否有据，是否落实有策，是否对接有效
		Where—根据情况确定
		When—公共文化服务的整个过程
		Who—多元评估主体，所有利益相关者均有权参与评估
		How—传统方式与新兴的电子化、网络化评估方式相结合

公共文化服务体系包括基本公共文化服务体系，即在保障公民基本文化权益、满足其基本文化需求中，相关要素密切配合协同、有序衔接成有机整体及运作机制；包括基本公共文化保障体系、组织管理体系和评价体系，其中保障体系包括政策法规保障、经费投入保障、基础设施保障、技术条件保障和人才保障子体系，组织管理体系包括公共文化活动、公共文化服务项目管理、公共文化行政管理、公共文化行业管理和公共文化治理体系，评价体系包括综合评价、专项评价、专业评价和社会评价子体系；基本的有公共阅读服务、公共视听服务、公共数字文化服务、流动文化服务、文化艺术鉴赏服务、文化知识产权保护、文化传承、文化教育和培训服务、特定群体公共文化服务等。公共文化服务体系建设面临着时代背景下新的要求，公共文化服务线上步伐加快，线上线下融合加速，亟须创新增强服务效能的公共数字文化服务模式。

公共文化服务体系建设主体从理论发展、技术进步及政府职能转变看，主要有三种观点：第一，单一主体路径。基于"公共性"属性和市场失灵理论，关注公共文化服务的公益性和社会教育功能，公共文化建设是政府职责所在；公共文化服务全民共同利益特点，决定了公共文化服务的主体是国家政府，或主要是各级政府及其相关部门；政府具有构建公共文化服务体系义不容辞和不可推卸的重要责任。这一观点，被称作国家化公共文化服务体系构建路径，有其积极的意义。第二，市场化路径观点。随着市场经济的发展，主张公共文化服务体系构建不能脱离市场经济体制，完全市场化是构建选择的路径。文化企业成为承担文化产品供给主体，让公众自主选择公共文化服务的提供者，以此解决政府高成本低效率的问题。第三，一主多元路径观点。即政府为主导的"权威型供给"路径，私营部门参与的"商业型供给"市场化路径、第三部门广泛参与的"志愿型供给"路径组成的一主多元化的公共文化服务供给体系，此后有研究将"善治理论"引入公共文化服务体系，增加了"社区自治型供给"路径。第四，国家与市场相结合的综合路径。根据双重失灵理论，综合路径优势，认为政府并非是构建公共文化服务体系的唯一主体，强调公共文化服务体系构建的主体由四部分组成，即政府文化行政部门、文化事业单位、非政府组织、企业。

随着互联网、物联网环境形成，有研究从大数据视角赋予公共文化服务体系多元主体新内涵，认为主体间应该是良性的、可持续的协同和互动关系。以政府、相关文化机构和企业及消费者和受益者群众为主体，修正了消费者和受益者主体缺位现象。政府不应被看作直接提供服务的供给方，而是设计者、协调者和管理者；同时，政府代表需求者和受益人提供购买服务的资金支持；公共文化相关企事业单位是公共文化服务的主体和提供方，应该具有充分独立性和自主权，依法按规提供公共文化服务或其他支持。其中，群众既是活动的受益者，又是各类公共文化活动的主体及大数据的创造者。由公共文化服务体系可知农村公共文化服务体系是政府为主体的非盈利的，向农村群众普及文化知识、传播先进文化和保障农民基本文化需求的各种文化机构和服务的总和，是我国公共文化服务体系建设的重要组成部分。不同地域的农村公共文化服务体系因地制宜建构，是优质文化资源向老少边穷地区倾斜的特色化建设，是城乡区域公共文化服务资源整合和互联互通，促进公共文化服务均等化，扩大覆盖面的基础。

青藏作为农牧地区，公共文化服务需求有其区域特征，文化差异决定文化需求特色，也决定了公共文化服务供给的特色，决定了共性背景下公共文化服务评价体系特色建设。公共文化服务体系建设得益于国家宏观政策和资源的投入，具有全国共性特征。

2.2.3 评述与启示和借鉴

发达国家、新兴工业化国家和其他发展中国家没有整齐划一的公共文化服务体系模板可供套用,各国根据自身的需要完成公共文化服务供给。研究在比较中考虑国情、宏观背景及结构性差异,考虑不同国家发展历程的时间差问题。根据利益相关者理论,公共文化服务体系建设应该在宏观布局的基础上,分层施策,细化市场,这是公共文化服务下沉的框架结构。各国不同区域不同群体有其特定的文化需求,语境不同,满足其需求的公共文化服务体系的特色不同。研究从公共管理到新公共管理,从公共服务到新公共服务、从公共服务到公共文化服务,从公共服务体系到公共文化服务体系,从共性特征到个性特色的国内外研究脉络梳理,目的在于发挥协同效应,从语言翻译视角探究多、快、好、省地推广普及国家通用语言文字路径提供理论依据的同时,试图赋予公共文化服务及体系在我国青藏地区特定空间范围本土化特征,结合国情和区情及安全稳定发展的原则,以厚实理论特色研究。

由理论实践可知,各学科对公共文化服务体系研究,都有自身固有的局限性。国内外研究三种能够提供相应公共文化服务,满足不同需求的公共文化服务体系各有适用的条件和要求,其中,公共文化服务主体是政府,而政府主导的公共文化服务在不同的阶段所发挥主导作用不同。一般可归纳为发达先进公共文化服务以市场供给为主体,落后贫困区域公共文化服务以政府供给为主体。研究根据公共文化服务和每一种力量的专长进行了划分,即政府应负责提供公共文化服务的基础设施和基本公共文化服务,企业提供基本公共文化服务以外的文化服务,第三部门主要提供文化产业不愿提供且政府基本公共文化服务又顾及不到的公共文化。科学合理的公共文化服务体系能够完成自上而下的任务主导机制和自下而上的利益反馈机制的良性对接。建立和完善以政府为主导、社会组织力量参与建设的公共文化服务体系,带动区域形成功能完善、配套服务设施健全、互联网治理模式下的新型公共文化服务关系,这是唤醒社会公众文化自觉,坚决履行政府文化责任的有效路径。公共文化服务政府主导路径给予选题的启示,强调并注重政府全面履行国家通用语言文字推广普及和语言翻译文化服务供给职能,因此完善公共文化服务体系,这对青藏地区的推普很重要,也是关键的经验,这一综合性路径适用于青藏地区推普的不同阶段。

语言翻译是语言与语言沟通交流的媒介,是文化融合的桥梁,是文化的组成部分。语言援助是语言翻译的表象,由此可见国家通用语言文字与语言及语言翻译或语言援助的关系,语言和语言翻译与基础教育及公共文化的关系。推普路径主要依赖学校教育系统中的基础教育体系,主要对象是适龄的受教育者。推普作为公共服务的指标内容,既是基础教育的组成内容,也是公共文化的内容。因此可以通过基础教育体系推广普及,还可以纳入公共文化体系推广普及。无论是基础教育指标,还是公共文化指标,都决定了推普的普惠性和公平性及动态性基本特征。人们通常熟知的是基础教育的推普路径,往往会忽略语言翻译服务的推普路径。基于理论所提供的逻辑关系,历史经验和语言的社会基础层次,亟待加强语言安全、政治安全的视角考量,根据公共文化服务体系在语言封闭环境中的运行现状,推普的现实需求及其对语言援助的社会需求,语言翻译服务体系与时俱进的客观要求,研究站在协同效应的视域,基于协同效应理论,从全覆盖的公共文化服务体系,以象征该地区显著特征的汉藏-藏汉翻译服务为载体,将藏汉翻译置于公共文化服务体系讨论汉藏-藏汉翻译服务供需体系协同效应关系,提出了优化汉藏-藏汉语言翻译服务体系的推普的公共文化服务路径。

随着地理环境的开发,政治经济的快速发展,市场不断成熟,民族融合加速,当地居民对汉语的需求意识不断增强。尤其随着城镇化的实施,对推普的需求也随着生计模式的转型升级,电商平台的发展,全域旅游的推进,观念思想的转变而变得更加强烈。同时,语言翻译服务的需求也随之呈现不断上升的趋势。语言翻译服务体系的短板及其所表现的翻译中存在的诸多不规范问题,影响国家通用语言文字推广普及精确的协同效应,进而影响相关生产生活中应用的效果。而且,诸如农家书屋等基层公共文化服务基础设施体系,也因为语言障碍,一定程度上出现资源闲置的现象。而要改变这一现象,提升类似于农家书屋资源的利用率,赋予其推普职能以及语言翻译服务推普协同效应职能,不失为一定时期体现这些闲置公共文化服务基础设施体系价值,满足基层社会汉语需求的有效路径。推而广之,完善语言翻译服务的推普路径纳入公共文化服务体系,解决民族传统文化资源富集与语言翻译服务供给短缺困境,既能增加满足基层社会对汉语需求的路径,又提高了基础设施的利用率。研究探讨建立既具有共性又具有特色的语言翻译服务体系,是丰富公共文化服务的内涵,切实实践公共文化服务体系的文化教育功能,提高语言能力,增强公共文化服务能力的需要。

2.3 小结

国内外研究现状和相关理论，提供了研究的依据。研究根据公共文化服务体系在语言封闭环境中的运行现状，汉藏-藏汉翻译服务体系与时俱进的客观要求，语言援助的社会需求，在借鉴的基础上，构建理论框架。为公共文化服务体系理论置于特定的语境，语言援助置于公共文化服务体系，从汉藏-藏汉翻译服务视角探讨拓宽推普路径，提供了依据。

通过语言翻译服务体系所供给公共文化服务的现实基础和专业基础可知，汉语言障碍与语言援助困境不仅存在于青藏地区，还存在于我国其他民族地区的单语种人群中。解决这个问题最有效的路径，即直接推广普及国家通用语言文字，讲标准普通话，写规范汉字。这不仅是解决汉语言障碍和语言援助困境的路径，更是增强就业能力，增加收入，提升可持续性生存能力的略径。语言能力与劳动者收入成正相关关系，国家的发达富裕或落后贫穷的状态和语言的统一与繁杂程度密切相关。

自给自足的自然经济，固定的生产生活方式，在一定程度上制约了学习国家通用语言文字的能力，也制约了走向市场的能力。青海六州地区存在语言能力薄弱的情况，如果不会汉语，就不能在城市里找到工作，影响就业，继而影响承担家庭可持续性生存的责任。制约就业的因素之一，就是农村富余劳动力使用国家通用语言文字能力水平比较低。随着时代的演进，民族语言使用范围小，使用的市场萎缩，就业渠道因此也变窄。一些学习民族语文专业或涉及民族语文专业的高校毕业生难以就业，不仅难以通过考试成为国家、省级公务员或进入事业单位，就是在民族自治地区，其就业问题也难以保障。汉语言障碍及其翻译援助服务困境，束缚了生产力发展，是生存能力提升的障碍。提升普通话普及率和规范汉字使用水平，是实现可持续性脱贫，提高生存能力和生活品质的前提条件。

长期以来，推普的渠道主要依赖教育体系，公共文化服务体系忽略了藏语单语种的现实基础，也忽略了汉藏-藏汉翻译服务的专业基础，公共文化服务体系在这方面的布局存在短板现象，使之成为局限性问题。因此，汉语言障碍及语言援助困境依然存在。由于缺乏藏汉翻译语言援助服务，虽然有较为完善的公共文化服务体系和全覆盖的基础设施，但是，图书馆及县乡和村级书屋在内的公共文化服务设施的利用率非常低。州上的图书馆全年除了学生或少数考公、考编、考研的备考者外，几乎没有其他人去图书馆。其中，最关键的原因是语言障碍和语言援助困境所致。为此，以汉藏-藏汉翻译服务体系拓展推普路径，发挥协同效应，成为当务之急。藏汉翻译公共文化服务专业基础，反映了藏汉翻译与汉藏翻译服务的差别所在。从藏汉翻译人物名称到句子的藏汉翻译服务对这一差别的忽视而造成的诸多文化不能对接的现象，反映了汉藏-藏汉翻译服务体系的短板。同时，反映出藏汉翻译的差别不仅是翻译学科的问题，更是文化交流的匹配性问题。根据短板效应理论和协同理论，解决这一问题，需要补齐短板，才能发挥汉藏-藏汉翻译服务体系的协同效应，使其发挥"1+1>2"的功效。在补齐体系短板的同时，补齐藏汉翻译服务体系内在的短板，诸如补齐组织机构的短板，解决翻译制度标准，人力资源储备，翻译工具，以及效能评价的短板等。通过研究可知，理论基础为优化汉藏-藏汉翻译服务体系，逐步形成覆盖全社会的比较完备的公共文化服务体系，多、快、好、省地推广普及国家通用语言文字，践行讲普通话，用规范汉字提供了不可或缺的理论架构和指导实践的依据。

第3章
国家通用语言文字推广普及路径的基础

本章起着承上启下的作用，研究以青藏地区封闭的自然环境到开放的市场为背景，采用座谈、深度访谈和个案研究法，从玉树地震灾害公共救援乃至城镇化到日常生计中出现的语言障碍、语言援助困境，演绎基层以此为显著特征的语言生活状态，归纳其对公共管理、行政服务、社会治理、家庭生存、个体就业的消极影响。这一语言生活状态犹如极端的自然环境封闭了人们原本应该与时俱进的思想观念，固化了人们的思维方式，束缚了人们与时代同步的步伐。对交流沟通能力的制约，直接影响人们的生产生活，制约了受教育的能力，也制约了就业能力和生存能力，更是制约了在市场经济中实现信息对称的能力。当人们一旦离开了封闭的语言环境进入开放的市场，无论是就医、购物，还是投资经营、买卖交易；无论是公共服务、行政管理，还是社会治理、社区服务，这一语言生活状态横亘于信息供需双方之间成为信息对话的屏障，影响投入产出，加大生存成本。尤其在不断发展和变化的时代，加大缩小信息差的成本，制约公共文化服务体系发挥最大功效，影响多层次个性化公共文化服务的供需平衡关系。长期以来，推普工作主要采取的是直接路径。鉴于该地区社会成熟度，市场完善程度，公共文化服务体系完备程度，应该在现有路径的基础上，尝试起着桥梁作用的语言翻译服务的间接路径。这将为相应层次的语言障碍人群，提供本民族语言与汉语言学习有效衔接转换匹配的方法。为此，研究通过日常生计和公共危机的语言生活状态调研，为推普路径提供了现实基础；通过人物名称、地名书名和藻饰词、特殊文化词、虚词及句子翻译差别研究，为推普路径提供专业基础。以此，为着重讨论汉藏-藏汉语言翻译服务路径提供现实和理论依据，并为后续章节阐述提供语境。

3.1　信息来源

　　与其他地区相比，受地理条件、自然生态环境影响，我国青藏地区产业、生存成本、知识能力、思想观念、国家通用语言文字能力存在着显著的短板。其中，国家通用语言文字是基础短板。研究采取观察和访谈等方法采集案例信息资料，阐述该地区语言生活状态的现实基础和专业基础，以此分析推普和提质增效路径的效能，突出其中的短板所在。从补齐短板的视角为多路径推广普及、提质增效国家通用语言文字提供研究的空间依据。调研在社会基础之上，从五个视角阐述日常生计背景和公共危机语境语言障碍和语言援助困境为特征的语言生活状况。第一，基层村干部视角陈述语言障碍和语言援助困境的广泛性。通过座谈和深度访谈青海六州地区村干部采集信息资料，从管理者的视角陈述村落语言生活状况及对村级公共文化服务、行政管理和社区服务、治理效能的影响；第二，易地搬迁精准扶贫定居点社区农牧居民视角，陈述语言障碍和语言援助困境的深度。调研以村落为总体空间范围，通过进村入户的深度访谈，采集一手信息资料，反映贫困家庭语言生活状况的结构性差异以及对基层社会生存质量和生存水平的影响；第三，外者视角，陈述语言障碍和语言援助困境的动态变化。调研通过观察采集信息案例资料，反映市场互动中的语言生活状况，语言障碍和语言援助困境对家庭收入、经济来源变动的制约作用；第四，学校视角，陈述语言障碍和语言援助困境固化的路径依赖。通过座谈、深度访谈和观察体验采集信息资料，反映教学过程中汉语应用的语言生活状况，学校、家庭和社会在汉语学习应用过程中的互动状况，突出语言障碍和语言援助困境为特点的语言生活状态路径依赖难以突破的原因；第五，社会、行政视角综合陈述该地区公共文化服务与其他地区存在的差异所在，反映语言障碍和语言援助困境对社会良性互动的消极影响。基于此，通过文献研究法从人物名称、地名名称、书名名称、藻饰词、特殊文化词及句子的汉藏-藏汉翻译差别，进一步从专业的角度分析语言障碍和语言援助困境的语言生活状况，及对汉藏-藏汉语言翻译服务的制约作用，进而反映出推普、提质增效的文化传播传承的专业需求。同时，以汉藏-藏汉语言翻译服务短板空间反映出国家通用语言文字提质增效的间接路径，为推普多元化路径的现实需求提供依据。

3.2 国家通用语言文字推广普及路径的现实基础

3.2.1 社会基础

地理环境对人类社会的影响深刻而广泛，不同的地理环境条件孕育了不同的生产生活方式。正是因为自然环境与民族架构、生计模式的逻辑关系，决定了语言的结构性差异及其承载内容的结构性差异，同时也决定了文化的结构性差异。这样的逻辑关系，不仅影响市场需求，也影响着成本效益。反过来，又相互作用、相互影响，几乎形成了类似闭环的语言环境。以青海六州地区为例，资料显示，有的县所辖乡皆以藏族为主，除了其中的一个乡藏族占总人口的 89.5% 之外，其他乡近乎 100%，这一民族分布结构在青藏地区的基层客观存在。对于基层政府部门人员描述的这种现象，意味着本民族语言单语的语言生活环境封闭的社会基础及封闭的程度让这个环境之外的人们难以理解。这一语言环境的特质，反映了推普路径选择所要面对的基础条件。青海六州地区 29 个牧区中 18 个是纯牧业县，共同的地缘是其本民族语言赖以生存的环境，当其他语言者进入这样的环境，其交流沟通的效果是可想而知的；同样，当本民族语言者进入其他语言环境，信息也会因为语言障碍而不能对称。尤其是在纯牧业区，共同的生存方式孕育了以区域本民族语言为主的交际环境，这样的环境既影响先进生产方式的进入，生产力的提高，也影响经济收入和生存质量。这一现状，也表现在其他类似的地区。根据第七次人口普查和《青海人口普查年鉴（2020 年）》《青海统计年鉴 2022》藏民族人口分布特征，决定了本民族语言为主的区域性特点，决定其使用规模及其分布的空间范围。由自然环境导致的结构性差异，被分隔为不同的方言。三大方言区存在结构性差异，又各具特质。各方言区之间的交流存在障碍；方言区内部由于所处环境的不同，也存在互通有无的难度。差异大小及其可持续的程度，取决于封闭的环境和封闭的程度，也决定了路径依赖的结构性差异。

根据路径依赖理论，即便语言障碍人群非常明白国家通用语言文字无论是对个人还是对其所在的地区都是最有效的路径，却依然会陷入自我封闭的语言障碍的困境中，即便周边已然有了先知先觉者。以 HRZ 为例，通过 1 号村、3 号村、5 号村、7 号村、9 号村、11 号村牧民普通话能力的结构性差异调研可知语言封闭环境的现状，其中，1 号村会讲普通话的人数占全村人数的 7.21%，3 号村会讲普通话的人数占全村人数的 5.39%，5 号村会讲普通话的人数占全村人数的 3.56%，7 号村会讲普通话的人数占全村人数的 6.65%，9 号村会讲普通话的人数占全村人数的 5.03%，11 号村会讲普通话的人数占全村人数的 2.2%（如表 3-1 所示）。由此可见，国家通用语言文字依然是这个地区最显著的短板，因为语言的封闭环境所产生的语言障碍，加上语言援助资源的稀缺，汉语言障碍人群难以和拥有先进思想观念和先进技能的群体直接对话，影响输入先进的理念技术的机会，难以通过消化和吸收逐渐内化为自己的理念和技术。普通话的"贫困"局限了人力资源的综合素质提升，制约了与外界对话先进科技的能力，也制约了创新能力的提升。这便是推普工作面临的极端语言供需环境，决定了相似地区不同程度的汉语言障碍人群对推普多元路径的需求，这是推普和提质增效路径选择所要面对的社会基础。如今，随着城镇化和乡村振兴的推进，这一语言生活的环境得到了改善，为依靠强大的外力推动，启动自我觉醒的力量，通过多元化路径自觉参与推广普及国家通用语言文字创设了良好的氛围。

表 3-1　2020 年 6 个村普通话能力结构

调研对象编号	会讲普通话人数占比（%）	调研对象编号	会讲普通话人数占比（%）
1 号村	7.21	7 号村	6.65
3 号村	5.39	9 号村	5.03
5 号村	3.56	11 号村	2.2

3.2.2　日常生计背景下审视语言生活状态

3.2.2.1　村干部视角反馈语言生活状态

在基层村落，由于不少乡村干部的文化水平较低（大多是小学文化），且普通话能力十分有限，不仅影响对城镇化政策的理解，也影响绩效最大化。就扶贫政策培训会议而言，采用汉语或是藏语取决于参会人员的民族结构。如果参加培训会议的人员大多讲藏语单语种，则培训会议主要以藏语言贯穿始终；如果参加培训会议的人员大多讲汉语言，则培训会议主要以国家通用语言文字贯穿始终。培训会议无论是以哪种语言为主，难免会有参加培训会议的人员听不懂相关内容，因此出现影响理论政策的执行效能的现象。如果要全员都理解培训会议精神，首先要掌握通用的语言，其次要有语言翻译服务，打通语言障碍。这种现象也存在于文件通知上传下达的过程中，因为不少村干部不会讲普通话，更不会写规范的汉字，所以文件、通知下达的时候，都要通过从事汉藏翻译的专业人员，将汉语翻译为藏语，然后传达到相应层次的相关人员，这不仅增加了行政成本，而且降低了行政效率。其中，还可能存在不规范影响服务的有效性问题等。显然，在汉语言是显著短板的青藏地区，汉藏-藏汉翻译服务至关重要。由此可见，语言翻译服务是民语与汉语言之间的桥梁，可以为基层干部提高理论政策的执行效能，创设通畅的语言环境。这一需求在基层社会普遍存在，越是偏远的村落，越是需要语言翻译服务打通日常生产生活中的语言障碍，助力缩小信息差，提高各个主体的生存能力。

为了从基层管理者的视角展示语言障碍和语言援助困境为标识的基层社会的语言生活状况，解读其对村级治理乃至公共文化服务和行政管理的影响，研究随机对青海省22个县一个市40个村的40名村干部进行了座谈和深度访谈。其中涉及35名藏族干部、2名汉族干部、2名蒙古族干部、1名回族干部。涉及县域为：果洛藏族自治州的玛沁县、达日县、甘德县、玛多县、久治县、班玛县；黄南藏族自治州的泽库县、同仁县、尖扎县、河南县；海北藏族自治州的海晏县、祁连县、刚察县；海西蒙古藏族自治州的天峻县、都兰县、格尔木市；海东市循化县、化隆县；海南藏族自治州的贵德县、共和县、兴海县、贵南县、同德县等，这些干部分布在各个村落。其中，村党支部书记14名，包括一名村党支部副书记；村团支部书记4名；村委会主任15名，包括2名村委会副主任；村小组的社长2名，其他村组织委员、纪检委员、村委会委员会计和村调解委员会委员都分别为1名。对于兼职的成员，研究以村党支部书记、村党支部副书记、村委会主任、村委会副主任、村团支部书记、村组织委员、村纪检委员、村会计、村委会委员的顺序，按照归属的主要职位进行统计。这些村党支部书记、村团支部书记、村委会主任、村组织委员、纪检委员、村委会委员、村会计，以及村调解委员会的委员、村小组的社长，他们土生土长在藏语言的环境，对所在语言环境的生产生活规律非常熟悉（如表3-2所示）。而且从事着村级管理工作，是县乡与村落的桥梁，既要与外界沟通交流，又要与村民以本土语言保持熟人社会的关系。为此，对于语言障碍和语言援助困境的语言生活状态及对村民生产生活、行政管理和社会治理的影响有着最直接的体验和感受。访谈更加反映出基层干部的普通话能力的短板效应，由此折射出推普和提质增效的客观需求及巨大的空间，也反映出除了直接路径，还需要语言翻译服务的间接路径，以此为直接路径的效能提高创造路径条件和语言氛围条件。

调研中，大约有1/3的村干部难以用普通话直接交流，一半的人在普通话的语境下难以流畅地问答，访谈基本在汉藏-藏汉翻译服务的前提下完成。这本身反映了语言障碍存在的普遍性，也反映出语言生活状况的大概轮廓。尤其是这些村干部基本上是受到一定程度教育的。访谈中一致认为，国家通用语言文字能力的提升对于他们来说十分重要。有干部以工作中的信息差来说明汉语言能力提升的需求空间和必要性、紧迫性，认为调派来的干部不会说藏语言，不能精准掌握村情；而他们自己又不会说汉语，对于提出的因地制宜的办法很难表述清楚，双方难以在交流沟通中传递有效信息，结果可能就达不到期待的认可和重视程度，影响预期的发展效果。

表3-2 语言生活状况调研对象分布结构　　单位：名

名称		党支书		团支书	村主任		委员		会计	村委员	调解委员	村社长	备注
州	市、县	正	副		正	副	组织	纪检					
海东	循化	2											
	化隆	1			1								
黄南州	同仁	2			1								
	泽库	1			1								
	河南				1				1				
	尖扎				2	1							
果洛州	达日				1			1					
	甘德				1								
	玛沁	1											
	班玛			1								1	
	久治		1								1		
	玛多			1	1								
海北州	海晏	1		1									
	祁连	1											
	刚察	1										1	
海南州	贵德			1									
	共和												
	贵南												
	同德	1											
	兴海					1							
海西州	天峻	1								1			
	都兰	1			1								
	格尔木						1						

续表

名称		党支书		团支书	村主任		委员		会计	村委员	调解委员	村社长	备注
州	市、县	正	副		正	副	组织	纪检					
	合计	13	1	4	13	2	1	1	1	1	1	2	40

当问及村民是否具有说普通话能力的时候，有村书记以所在村为例介绍道，这个村共有240户人家，970多人，其中，公务员、高校毕业生、外出做生意的人会汉语，但会得不是很多；政府部门工作的，学校的学生相对要好一些；村子里能够使用普通话进行简短交流的人数占全村人口的50%，但也只限于"一点点"；而85%以上的人无法深入交流，基本上属于听不懂的情况。当遇上自然灾害，需要外援的时候，出现语言援助困境，诸多因为信息差引发的问题就显出来了。通常外援的人都说普通话，而村民都不会讲普通话，沟通不畅就会影响救援。这个时候，需要既要会普通话，又要会民族语言的人提供语言翻译援助，以便上情下传和下情上达。当问及一旦发生自然灾害等公共危机，大概需要多少数量的汉藏-藏汉翻译服务的人员？有干部回答，如果要配备语言翻译援助的人，应该按照两三户就要配一个外援计算。翻译最好是都能熟悉生产生活习惯，否则即便提供语言援助服务，也有可能翻译不出来。问及其他各村掌握汉语的情况，他们都认为藏族村子大多相同。除了上过学的，其他人就基本不认识汉字，更不会写。做生意的要赚钱，就会主动去讲普通话，学习汉字。他们在外面接触的汉族多，也就学会了。尤其是靠近旅游景点、交通要道和市场的村子，普通话能力稍微好一些。有的干部坦言，别说普通话，就是本民族语言，村民的语言能力也都很弱，文化水平很低，大多会说不会写。有村干部根据所在区域的情况描述道，经济发展水平高的、年轻人多的村子里，主要是上过学的年轻人，50%的人有能力读写藏文，但四五十岁以上的人群，本民族语言的读写能力基本没有，只会说简单的本民族语言。不会普通话，对生产生活的影响越来越大。看一些农业用书都较为困难，大部分农业技术的学习都是采取口口相传的方式。

当问及国家通用语言文字学习路径时，基本上异口同声地回答，主要依靠学校的课本学习。当问到一般什么时候能接触到汉语言时，他们表示，大部分是州上下达文件的时候。当问及如何才能对学习汉语感兴趣，通过什么路径才能提高学习国家通用语言文字的效率，大多数干部建议把藏语承载的优秀的文化，尤其是家喻户晓的经典故事直接翻译为汉语言，使其成为学习汉语的载体，用来推广学习国家通用语言文字，这样方便学习。也就是通过国家通用语言文字讲他们生存环境里存在的并且熟悉的生产生活的内容，老百姓接受起来轻松，也有兴趣，可以通过故事很快就记住。即便记不住全部内容也能揣摩出大概的意思，时间长了就有了国家通用语言文字的氛围和感知，这有利于国家通用语言文字教学以及传播推广。他们认为，目前汉语言学习资料承载的内容对于牧区的老百姓来说大多很陌生，在学习汉语言的过程中，大脑里要完成汉藏-藏汉语言翻译的转换，既要认知内容，又要去掌握语言文字，所以影响学习兴趣和效率。而不会讲普通话，不认识规范汉字，在走出封闭的自然环境后几乎寸步难行，到处都需要语言翻译帮助。基层社会的这一语言生活状态，其影响也延伸到了各民族院校。只要是民族院校的师生，都会遇到学生因为要带家人去看病或其他必须要办的事情而请假，因为他们要提供汉藏-藏汉翻译援助。可见短板之所在，以及公共文化服务体系所要解决的这个地区的焦点问题。当汉藏-藏汉翻译服务提升了国家通用语言文字能力，则基层社会个体、家庭、社区、村落无论是在封闭的环境，还是在开放的市场经济环境，都将具有了能跨越自然环境和民族架构、生计模式生成的语言障碍的语言能力的条件，也凸显了公共文化服务所具有的区域性供需特色。

以上推普的多元化路径，实质上都是讲普通话，写规范汉字的过程，是个体、家庭、社区、村落跨越语言障碍，提升普通话能力的过程，更是国家通用语言文字认同的过程。

3.2.2.2 家庭视角审视语言生活状态

L村是易地扶贫搬迁定居点的一个普通村落，2018年，L村普通话普及率为2.33%，在所属镇的11个行政村中位列第四。影响普通话普及率低的原因有很多，其中一个原因便是缺乏普通话和规范汉字对生存影响的意识，缺乏普通话和规范汉字能力与就业关系的认识。人们认为自己走不出熟悉的生存环境，生存环境也不会有太大的变化，放牧是直接的收入来源，依赖祖祖辈辈传承下来的生计模式而生存是一种习惯。高度依赖国家投入以增加收入保证生存成本弥补的路径依赖一目了然，一方面反映了国家精准扶贫的效能，另一方面反映了语言生存态势。

此外，便是文化融合中语言障碍导致的文化观念、思维模式、是非判断的困境和偏颇。以家庭为例，有的家长愿意孩子去本民族语言教学的学校，不太愿意孩子去讲普通话的学校。按照家长的话说，孩子去了"学校""不听话了"，他们之间"吵架多了"；家长认为孩子"回来后像变了一个人"，不像以前那样和自己一起逛街聊天，按照家长的认知，就是孩子"变坏了"。追根寻源，造成这种现象的最大原因是文化融合中，语言难以无缝对接而产生信息差的问题。孩子从学校回来之后，试图用普通话和家长分享所见所闻，但家长的语言障碍阻断了和孩子交心的通道。一方面双方存在语言障碍，又在缺乏语言援助的语境下难以同频交流；另一方面因为有些用普通话和规范汉字表述的情景如果用藏语表述不一定有准确的词汇对应，孩子会出现词不达意的情况，或是孩子所表述的认知家长在固有的惯性思维模式下出现误解，双方难以相互理解，实际上还是语言障碍的问题，故出现矛盾。于是，家长在忽略孩子进步的同时，简单地将此归因于去了普通学校并学习普通话的缘故，并要求孩子回家后必须说本民族语言。这一方面封闭了孩子语言应用的环境，另一方面家长自己封闭了与时俱进的普通话和规范汉字学习的通道。显然，语言障碍是其中关键而直接的诱因。因为语言障碍对两种文化融合产生的阻力所引发的碰撞，是当事人没有意识到的问题，也因此造成对事物的认知偏差，甚至出现错误的认识，从而影响家庭成员的和睦相处。反过来，固化了语言障碍的路径依赖，影响家庭成员普通话和规范汉字学习良性互动氛围的形成。从另一个层面看，学校、家庭合力对于推普的重要性和需求空间。可见直接路径和间接路径合力对于国家通用语言文字提质增效的重要性和需求空间。

3.2.2.3 旅游者视角的语言生活状态

黄南州，位于青海省东南部，东南与甘肃省甘南藏族自治州夏河县、碌曲县、玛曲县以及本省果洛州的玛沁县为邻，西北与本省海南州的同德县、贵德县以及海东市的化隆、循化县接壤。黄南州的南部属于青南牧区泽库、河南两县，海拔在 3500 米以上，气候高寒，是自治州发展畜牧业的主要基地，这为奶制品产业打下了基础，也因此黄南州的酸奶受到市场的欢迎。

十几年前如果买酸奶、蕨麻等土特产，几乎没有店员能用普通话或文字应答。商家似乎也不在乎游客是否能买商品。因此，诸如纯手工打制的银首饰、银制器皿、手工织物、酸奶、奶茶、糌粑、藏红花、雪莲、虫草等特产，却因为语言障碍造成的信息差，影响交易机会。汉语言障碍阻碍着本民族语言单语人群与外界顺畅沟通交流，这势必阻碍他们自信地走向市场。汉语言障碍阻隔了信息交流的可能，封锁了沟通协商讨价还价的平台。信息差的结果，一开始就由语言障碍所决定。

　　一年一年过去了，每一年都在变，门店多了起来，楼房多了起来，游客也多了起来。十来年的光阴，随着城镇化的推进，哪怕是一个小县城、一个小镇、一个小小的家庭无论是经济状况还是精神面貌，语言沟通能力都有了翻天覆地的变化。越来越多的人们自觉学习国家通用语言文字，讲普通话，写规范汉字，抓住了开放的契机，也最先深切地受益于契机所带来的生存环境的改善，生存质量的提高，这些自我封闭的语言环境也随之而解锁。如今黄南州的商铺会在酸奶桶的旁边放置汉字标明价格的牌子，有的店家在长期的买卖中尽力去学习普通话，并在学习的过程中，随着接触外围市场越多，把酸奶也销得越远，如今在西宁市可以方便地买到牦牛酸奶了。市场使人们认识到，推普的认同意味着市场的扩大，不仅是国内市场，还有国外市场，也意味着就业机会和收入的增加。随着市场的扩大，商家也开始关注消费者，揣摩消费者汉语的准确意思，相互间有了互动，这是个好现象，良好的开端。随着受益面的扩大，越来越多的家庭将子女送往普通学校，以良好的普通话和规范汉字环境给子女创造提高国家通用语言文字能力的机会。

　　从宏观的角度而言，城镇化、乡村振兴为推普、提质增效展开了宏观画卷，依托产业与市场互动是每个个体自觉参与积极实践普通话和规范汉字的路径。尤其旅游产业，带来的不仅是旅游收入，更重要的是还打开了语言封闭的环境，对这一社会效益的贡献不可忽视。由于生存的需要，市场的要求，汉语言障碍人群与游客零距离互动，相互在好奇的汉藏-藏汉互译氛围中，彼此耐心模仿互学简单的普通话和藏语发音、单词、短语，这种情景随处可见。诸多路径与可持续性生存衔接，与生计模式衔接，语言障碍人群也就在潜移默化中自悟、自省、自愿、主动、积极地践行国家通用语言文字的推广普及。显然，如果讲普通话和写规范汉字的游客也会藏语言，在市场中与语言障碍人群在实地实景零距离互动的汉藏-藏汉翻译中相互模仿学习，这应该也是普及普通话和规范汉字多、快、好、省的路径。

3.2.2.4　教学视角的语言生活状态

　　从教学的视角观察语言生活的状态，具有代表意义。如果仅考虑语言的影响，相同生存环境的同一个班级的有语言障碍和没有语言障碍的同民族学生比较，汉语表达能力和理解能力不同，对课程学习效果的影响程度不同，尤其对理工学生的影响更加明显。在学校经常看到这样的情景，有的学生学习很用功，在参加班集体活动方面表现积极，组织能力、管理能力比其他同学都要强。但是，因为汉语言能力短板的影响，显示出缺乏自信。具体在课堂上的表现是踏着铃声进教室，踏着铃声出教室，大多坐在最后几排，上课时不敢大声发言，也不和其他同学交流沟通，更不会去和老师交谈。平时，这些学生缺少学习汉语言的环境和氛围，制约了汉语水平的提高。从青海省其他地区普通话和规范汉字学习氛围调研可知，藏族聚居区的学校，包括教学点，学校同样也缺乏汉语言的学习氛围，反过来又影响课堂教学效果的巩固，影响普通话的推广和汉字的规范。从学前教育、完小、非完小、初中等学校的早操、课间操、放学的广播所采用的语言，到课间的师生沟通，学生打闹嬉戏，包括教师间的讨论学习，会议通知所采用的语言，可见国家通用语言文字学习氛围的概况。师生都习惯于使用本民族语言，无形中汉语的推广普及仅限于课堂。即便是家庭教育，汉语言的传播也存在诸多的困境。这些地区许多家长文化水平不高，几乎难以为孩子创造汉语学习巩固的语境，甚至孩子放学回家后，需要迁就家长的语境而弱化汉语文学习的动力，这无形中制约了学生与家长互动传播汉语言的语境，影响汉语言普及推广的效率和效果。许多学生由于语言文化差异，出现不同程度的文化适应困难的现象。况且两种语言思维的相互转换，比起汉语方言与汉语普通话的转换可能更加困难些。

语言障碍是青藏地区有别于其他地区的语言文化现象，相对而言是这个地区致贫的非常直接而重要的原因。语言障碍无疑成为无论是知识能力还是受教育的程度或是专业能力提升的障碍，成为无论是思想观念还是政策认知或是人力资本与时俱进的障碍，继而影响地方经济、社会发展，对个人、家庭生产生活的消极作用，显著地表现为深度贫困的重要影响因素。

显然，构建学校（包括课前课中课后）、家庭和社会（包括社区、超市、文化广场等公共区域）三位一体的普通话和规范汉字学习环境，与熟知的生计环境衔接的汉藏-藏汉翻译服务的互译互动中拓宽学习通道，在全方位的氛围中，不仅能提高学生的普通话和规范汉字能力，还可以在互动中提高家长、社会多层面的国家通用语言文字应用能力。

3.2.2.5 社会、行政视角的语言生活

地理环境的局限，青藏地区普通话和规范汉字水平参差不齐，语言障碍

仍然是突出的问题，越往基层社会走这一问题越是普遍存在，严重影响就业能力、家庭生存、收支结构的优化。这种在日常生产生活中历史性地普遍存在的现象，久而久之成了该地区显著的特征，也是该地区连片贫困的主要原因。随着改革开放，西部大开发的逐步精准化，市场经济的发展，市场的触角逐步向老少边穷地区延伸。尤其是当国家综合实力的增强，精准扶贫路径实践中"不落下一个民族，不落下一个人"的施策，使封闭的环境不再封闭。越是贫穷的地区、村落、家庭，越被国家力量所关注和救助，那些最边远的、最封闭的环境中的最贫困的群体被推到市场的前沿。市场化与现代科技的普及，无论是基层还是边远地区，无论年龄大小，每个人与市场交流沟通以及获取提高生存质量的机会越来越多，涉及的面越来越广。然而，长期存在的语言障碍不仅影响每个人与市场的关系，而且影响对市场的认知，影响信息对称及市场的交易机会和收益，影响获取就业机会，更加影响公共服务、行政管理和社会治理的供需关系。显然，普遍存在的区域性语言障碍，在"社会治理中心向基层下移，实现社会治理良性互动"的过程中，发挥着不可忽视的消极作用。推普是阻断贫困代际传递的基础条件与重要手段及路径。

　　以会计人员为例，根据从事村级会计岗位的藏族会计介绍，除了政府下发的文件是规范汉字，其他大多是藏文。村子里会计记账是藏文，后面附上的清单是藏文。填写规范汉字的票据时会感到有难度，不过银行会有人翻译帮忙。一般每个村都有一个这样的人，既能讲普通话，又认识规范汉字，还懂本民族语言，是帮助村民与外界联系的语言桥梁，这个人可能就是会计。精准扶贫访村入户给人们真真实实最大的感受，依然是存在语言不通的现实问题，依然存在语言援助供需矛盾的困境问题。村民之所以能被选中当会计，最重要的原因是"会说点汉语"。尽管学历层次偏低，缺乏专业知识，知识结构与专业岗位不匹配，影响会计信息的确认、计量、记录和报告，影响会计信息传递的及时、完整；尽管与外界的语言沟通交流还存在很大的障碍，但是在村子里汉语水平已经是最高的。社区的书记介绍说，牧区各村的会计都是藏族，"把里面（村民）会说汉语的，选出来当会计"。接着介绍，这个人是初中毕业，有文化，学校里学过汉语。毕业后放过牧、搬过砖、去拉萨那边打过工。大家认为这个人见多识广，办事认真，会说汉语，能给他们帮忙，就选他当了会计。确实也如期望的那样，村子里有的人要外出，就会找他一起去，主要就是提供语言翻译服务。如果会计忙不过来，只能自己找其他人帮忙了。精准扶贫为大家拓宽了语言翻译服务的路径，现在大家都会去找包村干部。

基层县的人民代表大会的人民代表来自基层的农牧民，基层交流基本都是藏语，绝大多数代表只会用本民族语言交流。会议召开期间的文件传达、讨论、表决等议程都需要汉藏-藏汉翻译服务才能顺利完成。而县级以上的干部开会，基本就不需要翻译服务了，干部们开会基本上没有语言障碍。因为，招录干部的时候，对汉语言能力有要求，这本身就说明不同层次的语言生活状态和语言援助需求的结构性差异的偏重趋势。从另一个角度也说明以汉语言能力为招聘条件和标准，既是推广普及国家通用语言文字的有效路径，也是汉藏-藏汉翻译服务资源储备的有效途径。当语言援助资源丰富，则语言障碍现象就少，信息差的现象也会因此减少。但是，语言援助资源稀缺是个持续的问题，不仅是供给的短缺，更重要的还是游牧民族家庭生计模式与语言教育模式存在矛盾，结果是供给赶不上需求发展的速度。当然语言援助在解决了语言障碍问题的同时，也有可能会因为语言能力参差不齐而加大信息差的风险，同时加大了公共文化服务的成本。

国家通用语言文字教育和学习是国际化、信息化、市场化的要求和必然，全球化时代对每个民族和个体意味着多语种学习带来的开放、融入、发展程度和速度。从基层社会和行政视角可见，该地区公共文化服务与其他地区存在的差异所在，以及公共文化服务体系建设的空间和特色所在。事实证明会讲普通话写规范汉字的个体，可以拓宽日常生产生活谋生的领域；会普通话又有点文化的村民，也因此增加了更多谋生的手段。其中，语言翻译服务在日常生产生活、行政管理、社会治理中，为推普发挥了铺路搭桥的作用，一定程度上为汉语言提质增效提供了间接的路径。

3.2.3 公共危机语境下审视语言生活状态

2010年4月14日，青海省玉树市发生7.1级地震，随着玉树抗震救灾公共救援的开展，救援者与被救者出现语言沟通的困境，救援随时需要汉藏-藏汉翻译桥梁，否则，搜救信息的准确获取、伤病治疗的顺利施行、心理救助的及时开展、救援物资的快速运达和公平准确分配，都将受到影响。兰州市6家医院参与救援，共接收128位灾民。其中，80%的灾民只会讲藏语，大多数的医护人员却又不懂藏语，语言援助成为解决沟通障碍的有效路径。为应对语言障碍对公共救援的消极影响，包括小学生在内的语言翻译志愿者队伍提供了语言援助。国家民族事务委员会组织中央民族大学、中南民族大学、西

南民族大学、西北民族大学、北方民族大学和大连民族学院500人的翻译服务队伍赶赴现场，参与语言援助公共服务。青海省民族宗教事务委员会积极协调青海民族大学，抽调了170名既懂汉语又懂得康巴藏语的大学生作为志愿者进驻西宁市17家2级以上医院，为伤员提供翻译服务。共青团四川省委员会迅速招募翻译服务的志愿者100余名，赶赴地震灾区参加"语言援助"服务。兰州商学院和兰州大学等院校也组织藏族志愿者队伍，到医院进行"语言援助"志愿服务。① 玉树州民族语文（古籍）办公室，也在4月30日前抽调67名民族语文工作者为灾区一线救援提供翻译服务。玉树民兵在救灾部队和专业救援队伍到达后，分片划区分头为救灾部队做翻译服务，积极协助救灾部队搜救。② 不少军区以最快的速度抽调出藏族战士，赶赴玉树执行语言援助任务。还有一些志愿者在各种媒体的宣传和招募下，自发实施语言援助。西宁市各大院校能说康巴藏语的学生，都投入各个医院的语言援助中。网络上的语言援助，也不断跟进。③ 在玉树的救助工作中，救援随时需要寻找语言援助，语言援助这个通常在国际救援中才会遇到的问题，成为一大焦点问题。汉藏-藏汉翻译服务的实践证明，教育在国家通用语言文字推广普及中取得了显著的成效，同时也彰显了国家公共文化服务力量的强大；另外，也反映汉藏-藏汉翻译服务资源的稀缺及供需矛盾突出。此时此刻的这个地区，汉藏-藏汉翻译服务已经不仅仅是语言文字问题，而是语言与文化的关系，语言与生命机会的关系。

语言障碍，给公共救援信息的及时传递设置了天然的屏障。当公共危机发生，即刻会出现相似的语言救助需求，也会凸显语言援助困境的现象。由此可见，语言障碍和语言援助资源短缺已经不是一次偶发现象。我国已建立了自然灾害应急救助管理的基本体系。玉树地震灾害发生后，在这次公共危机救援中所凸显的语言障碍和语言救助困境，使人们意识到国家通用语言文字相对需求而言是突出的短板。从汉藏-藏汉翻译服务需求所涉及面的广度和深度可知，不仅要通过教育体系，而且要依托公共文化服务体系实现国家通

---

① 资料来源：甘肃首期灾后应急心理疏导培训班举行用语言沟通心灵．网易，http：//news.163.com/10/0417/20/64GFSSJG000146BC.html.
② 资料来源：人熟地熟当向导语言沟通当翻译——青海民兵预备役抗震救灾发挥特殊作用．国防部网站，http：///news.mod.gov.cn/defense/2010-04/19/content_ 4147780.htm.
③ 资料来源：玉树灾区将降雪降温气象部门藏汉双语加强播报．中国新闻网，http：//www.chinanews.com/gn/news/2010/04-19/2235047.shtml.

用语言文字全方位覆盖。

这个地区的公共文化服务除了具有全国共性的供需短板，也有地方、区域的供需短缺。有的短板在历史的进程中随着发展溢出效应，逐渐得到弥补；有的短板却因为存在的广度和深度，如果不在契合时代的进程中集中力量解决，以满足不可预测的日常生产生活及公共危机需求，则可能会在公共管理、行政服务和社会治理、社区运行中存在不确定的风险。通过调研，从乡村干部视角、农牧居民视角、旅游者视角以及教学视角和社会视角，反映了日常生计和公共危机背景下，语言障碍和语言援助困境为特定语境的语言生活状况，由此反映了汉语言的短板现象。教育体系和公共文化服务体系有着各自不可替代的功能和优势，将普及推广国家通用语言文字从教育序列体系拓展至公共文化服务体系，决定了以语言翻译服务推广普及国家通用语言文字，也是国家公共文化服务体系拓宽国家通用语言文字全覆盖多元路径需要解决的基础性的实际问题。

3.3 国家通用语言文字推广普及路径的专业基础

从语言障碍和语言援助困境可知研究空间范围最基础的也是最大的短板是国家通用语言文字，其供给不能满足该地区语言障碍人群的需求。由国家通用语言文字供需矛盾可见，汉藏-藏汉翻译服务的供需矛盾，以及与推普的逻辑关系，显然汉藏-藏汉语言翻译服务也应该是满足基层最广大农牧居民生产生活汉语言需求的有效路径。而汉藏-藏汉翻译服务的不规范问题，尤其是其中的人名、地名、书名、藻饰词、特殊文化词、虚词、句子等藏汉翻译的差别，表面为字词句文法不规范的专业问题，在一定程度上影响了翻译服务的整体质量和参考价值。实则涉及语言教育，涉及理论和实践，涉及优秀文化发展、传播和传承，涉及公共文化服务以及社会治理等。由此透视出汉藏-藏汉翻译服务理论指导、组织机构、专业建设及人才培养模式等短板效应的专业基础特征，在一定程度上影响了翻译服务的整体质量和参考价值，这实质上也是汉藏-藏汉翻译服务体系短板问题的直接表现。为此，研究从六个视角透视出普通话和规范汉字提质增效的专业基础，为优化汉藏-藏汉翻译服务体系的推普路径提供专业依据。

3.3.1 人物名称翻译差别审视语言援助困境

汉藏-藏汉翻译服务中，人名作为专有名词数量庞大。其中，历史人物的人名翻译是否精准，直接影响对历史文化的认可与否。同一人物不同名称，会起到误导的作用，而使研究误入歧途。

由于藏文汉译者对藏语言及其历史文化不同的认知，导致不同的版本中出现了不同的翻译结果。经过两个有代表性的针对同一藏文化典籍中涉及的同一人物的汉译人名的比较，语言障碍问题便一目了然。而这一问题，反映出了汉藏-藏汉翻译服务的困境所在，以及衡量标准的短缺。藏汉翻译服务的信息差，会误导历史的学习和认知，导致误判、错判的结果。通过藏汉翻译的版本比较，在275个藏语人名译名中，译法和用字不同的比例高达93%。其中，254个译名存在译法不同或译音不同或用字各异的信息差问题。有的音译时不讲究用字，使用生僻字；有的因误解而出现错译。类似信息差，不止于这两个译本，也在其他藏文文献汉译的版本中屡屡出现，以致以讹传讹。这种专业性层面的语言障碍，揭示出汉藏-藏汉翻译服务专业基础现状，也突出了其中规范性的原则和标准的客观需求。

3.3.2 地名翻译差别审视语言援助困境

地名是藏民族文化中涉及量仅次于人名的专有名词，每个藏文地名有其特定指向。地名的藏汉翻译也是难点之一，迄今为止没有统一的译写规则和标准，翻译结果各凭自我认识，莫衷一是，非常混乱，给文化互鉴、传播和传承造成太多困惑，甚至给以汉译本试图了解藏民族政治、经济、社会、文化发展史脉的读者，凭借此等藏汉译本所供给的信息差按图索骥，小则影响效率，大则造成认识的混乱。

根据统计可见，118个藏语地名的汉译名中，除了两个版本中相同的译名没有列出外，所列出的译名不同的数量占总译名数量的73%。其中，大部分属于音译而用字不同的类型。其中，不同的藏语地名，对应相同的汉语对音词，这符合实际意义。此外，还有译法不同的类型，通常会有同一地名出现不同译名的现象。这种藏汉翻译混乱现象，同样出现于如《西藏王统记》等其他藏文典籍的藏汉翻译译本中。

3.3.3 书名翻译差别审视语言援助困境

汉藏-藏汉翻译服务的难点在于藏文典籍书名汉译所表现的特点，一方面，藏文书名与汉语等其他语种书名相比有字数多和结构繁的特征，这是其他语种的书名所无法比拟的；另一方面，缺乏藏文典籍书名汉译的统一标准、原则和要求对此加以规范，同时缺乏藏语原文与文化背景结合的深度理解，简单的藏汉字词句子的对译表现出诸多的错译和一名多译的混乱现象。首先是错译。由于对藏文典籍书名关键词的内涵、空间范围、用法等未结合文化背景及安多、卫康等不同地区的方言差异做深入辨析，缺乏对近义词的区分，翻译后信息差很大。例如，根据藏文词汇应该汉译为"世界"或"天地"，结果被曲解为"岭国"，藏文的书名就被译为了《岭国形成》。又如，把后人表敬意的置于书名后的词，误认为是藏文书名的有机组成部分进行翻译；其次是一名多译现象较为普遍。

3.3.4 藻饰词翻译差别审视语言援助困境

汉藏-藏汉翻译服务避免不了许多的藻饰词，但各种藏文典籍汉译本中，有藏语藻饰词错译的现象，使整个译文失意揭形。"（藏汉）翻译中，稍有疏忽，不是意识不到它是藻饰词，而前后语意联系不到一起，就是完全意识到了，仍会出现把词义理解错误的现象。它是藏汉翻译中特别容易出错的一个陷阱。即使名家高手，失误在藻饰词上的翻译者为数也不少。"（贺文宣，1995）

3.3.5 特殊文化词翻译差别审视语言援助困境

汉藏-藏汉翻译服务需要重视特殊文化词合理使用的语境。特殊文化词，亦称文化独特词，或文化空缺词，是指只为某一民族语言所特有，具有独特的文化信息内涵。它既可以是在历史的长河中逐步形成的词，也可以是该民族独创的词。这类词最能体现一个民族的文化特质，若翻译不当，则直接影响译文对原文内涵的再现。但，译文反映出藏汉翻译往往脱离了孕育藏文文化的地理环境，大多难以将反映藏族独特生计、制度、宗教以及经济的历史文化的特殊词语如实转换，甚至错译；或者只注重字面表达，忽视了文化内涵的传递和再现。例如：青藏高原极端自然环境的产物与农耕区的产物有很大差异，特有的农作物"青稞"和"大麦"是相互不能替代的。而有的译者不能区分"青稞"和"大麦"的不同之处，以总代分。其中，将藏民族常用来磨糌粑和酿酒的农作物白青稞和黑青稞统译为"白麦"和"黑麦"；这些导致译文与原文的意思相差千里，失去其本来意义。

3.3.6 虚词翻译差别审视语言援助困境

汉藏-藏汉翻译服务中,应正确认识藏语虚词与汉语虚词的差别,精准把握其在句子中的功能和意义,恰当地翻译虚词必须遵循原文要义。虚词是任何语种的句子都不可或缺的成分。使用虚词对有形态变化的语言而言是补充手段,对缺乏形态变化的语言更是一种语法系统的结构标记、关联纽带和功能符号。但藏汉翻译时,误解藏语虚词意义不实,没有引起足够的重视。若汉译不能正确理解,紧扣实际语义,甚至不能辨析藏与汉虚词的差异,往往会草率处置。正是对原文虚词的不当处理,造成了不少与藏文原意相悖的错误。

如将业格助词错译为从格助词,把(松赞干布)"十三岁登位"译作"十三岁从首都出发",违背了历史事实;有的颠倒主宾关系;有的把表示目的的格助词,视为表原因的虚词。把原义"砍伐甘蔗为尝味;捕杀狐狸为取皮;抢劫客商为掠财;反对君王为黔黎",译为"甘蔗被砍因它味甜引起,狐狸被捕杀因它毛皮温暖,商人围聚因宝贝值钱,臣民造反因国王残暴";有的藏文中本为从格助词,却被误解为位格助词;有的藏文中表示并列关系的虚词,却被视同表原因的虚词;有的在藏文中原属承接词,连接了形容词,却被误译为业格助词,翻译为"对"或"同",颠倒了整个句子的结构关系,使译义完全违背原意;有的本可视为藏语习惯性用词而略译,却被当作表动作接续的连接词,致使句子译文冗长拖沓。

3.3.7 句子翻译差别审视语言援助困境

汉藏-藏汉翻译服务供给质量,很大程度上取决于汉藏-藏汉句子翻译的相符程度。句子是反映一种语言特质的表现形式,尽管汉藏语言同属一个语系,但在句子结构、语序及各成分的语法标志上存在差异。如果汉藏-藏汉翻译忽视差异,又不明白藏文句子所具有的特性,厘不清句子的各成分及其关系,就会曲解藏文原意,错译句子;有的涉及句子成分颠倒,使译义完全背离原意,甚至使句义发生根本性变化。此外,还存在因管界划分不准,出现错误;逻辑分析不当,出现错误。这些不规范现象,都影响了汉藏-藏汉翻译的整体质量,成为语言障碍和语言援助困境的表现形式。

上述人名、地名、书名、藻饰词、特殊文化词、虚词、句子等种种藏汉翻译的差别,反映了汉藏-藏汉翻译专业性层面的语言障碍,反映了语言翻译服务的困境，及其对语言翻译服务质量和各民族文化融合的消极影响。通过汉藏-藏汉翻译服务的专业基础现状，凸显了对其中的规范性原则和标准的客观需求。同时也从专业基础的角度，反映了国家通用语言文字的客观需求，反映了汉藏-藏汉翻译公共文化服务体系优化的客观需求。从另一个层面可知，汉藏-藏汉翻译服务是推普、提质增效的有效路径。

3.4 小结

青藏地区公共文化服务除了具有全国共性的供需短板特征外，也有地方、区域、民族特殊的供需短板特征。有的短板在历史进程中随着发展逐渐得到弥补；有的短板，却因为存在的广度和深度，往往需要在契合时代的进程中补齐。通过推普、提质增效路径的现实基础和专业基础视角，对客观存在的语言障碍和语言援助困境为特征的语言状况分析，一方面显示了汉语言短板状况；另一方面，随着西部大开发、城镇化、乡村振兴及产业转型创造收入增加，生活环境改善，生产模式变迁的同时，打开了语言封闭的环境，为补齐短板，全方位覆盖国家通用语言文字，展开了推广普及、提质增效的宏观画卷。

长期以来，推普的渠道主要依赖教育体系的直接路径，忽略了藏语单语种人群的语言障碍和语言援助困境的现实基础和国家公共文化服务体系的全民教育功能，也忽略了汉藏-藏汉翻译服务的专业基础以及汉藏-藏汉翻译服务的间接路径。虽然乡村有较为完善的公共文化服务体系，并且铺设了全覆盖的基础设施，但是，受语言障碍和语言援助困境所致，青藏地区公共文化服务设施的利用率非常低。此间的层层矛盾和困境一览无余。为此，既要逐步形成覆盖全社会的比较完备的公共文化服务体系，发挥公共文化服务体系教育功能，又要提高其效率，还要以语言翻译服务的间接路径拓宽推普、提质增效的直接路径，践行讲普通话，用规范汉字，实现国家通用语言文字全覆盖，以减少语言障碍，提高生存语言能力，提高政府的生存能力，个体的生存能力和整个系统性的生存能力。这不仅是解决语言障碍和语言援助困境，提升汉语言能力的有效路径，更是增强就业能力，增加收入，提升可持续性生存能力的有效路径。无论是直接的路径，还是间接的路径，其最终的目的是提升普通话普及率和规范汉字使用能力，为实现可持续性脱贫，提高生活品质提供语言的前提条件。汉藏-藏汉翻译服务体系优化路径创造了与时俱进的环境。而满足这一需求最有效的路径即推广普及国家通用语言文字，讲标准普通话，写规范汉字。

第4章
语言翻译服务路径的基础

研究依托语言翻译服务机构体系现状，从组织机构、制度、专业队伍、词典编纂等维度，诠释其中的短板和语言翻译服务路径的认识误区，为优化语言翻译服务机构体系提供依据，以便全方位系统地补齐汉藏-藏汉翻译服务的短板，为提升国家通用语言文字能力和水平，增强语言自信的内生力，营造语言生态环境，提供载体、平台，拓展国家通用语言文字全覆盖的语言翻译服务路径。

4.1 语言翻译服务机构体系架构现状

4.1.1 组织机构的架构现状

国家翻译服务机构框架结构搭建，其隶属关系、层级性质和职责功能，反映了翻译服务机构体系及其公共文化服务供给载体的现状。其中，包括藏语文室在内的"中国民族语文翻译局"，其民族语服务机构设置、层级、职责，反映了包括汉藏-藏汉翻译在内的民族语翻译服务供给机构体系及其公共文化服务现状。

国家民族语文翻译机构。新中国成立以来，先后设置"中国外文出版发行事业局""中共中央编译局"与"中国民族语文翻译局"，三个国家翻译服务机构，提供语言翻译服务。根据社会的需求，1955 年 9 月，国家民族事务委员会起草了《建立民族语文翻译机构的初步方案》。当年 12 月 12 日，该方案得到周恩来总理的正式批准，并着手筹建。当时称中央人民政府民族事务委员会翻译局，并与 1949 年、1953 年先后设置的中国外文出版发行事业局、中共中央编译局，共同构成我国三大国家级的语言翻译服务机构体系，开始实施国内语际型的国家翻译服务实践（如图 4-1 所示）。

这一框架结构的搭建不但充分表明国家正式实施全方位的对内对外国家翻译服务实践，而且使我国国家层面的翻译服务实践首次形成了满足当时语言翻译服务需要的机构体系。后来"中央人民政府民族事务委员会翻译局"屡次更名，现称"中国民族语文翻译中心（局）"。其内设蒙古、藏、维吾

```
                    ┌─────────────────────────┐
                    │ 国家翻译公共文化服务机构体系 │
                    └─────────────────────────┘
            ┌────────────────┼────────────────┐
┌───────────────────┐ ┌───────────────┐ ┌─────────────────────┐
│ 中国外文出版发行事业局 │ │ 中共中央编译局 │ │ 中国民族语文翻译中心（局）│
└───────────────────┘ └───────────────┘ └─────────────────────┘
```

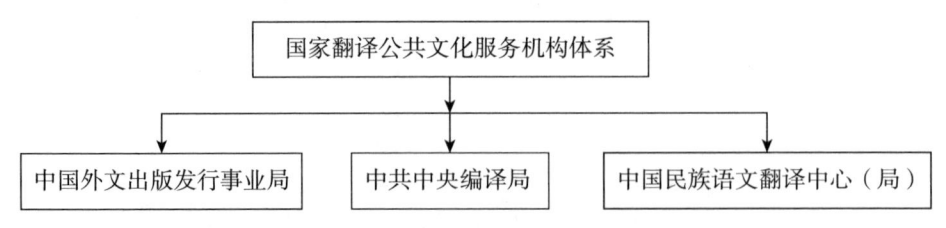

图 4-1　国家翻译公共文化服务机构设置框架结构

尔、哈萨克、朝鲜、彝、壮等语文室，语文室又下设了翻译一科、二科及综合科。其中，藏语文室是专门负责汉藏-藏汉翻译服务等相关工作的处级单位（如图 4-2 所示）。

```
                    ┌─────────────────────┐
                    │  国家翻译服务机构设置体系  │
                    └─────────────────────┘
            ┌────────────────┼────────────────┐
┌───────────────────┐ ┌───────────────┐ ┌─────────────────┐
│ 中国外文出版发行事业局 │ │ 中共中央翻译局 │ │ 中国民族语文翻译局 │
└───────────────────┘ └───────────────┘ └─────────────────┘
                                                  │
     ┌──────┬──────┬──────┐   ┌──────┬──────┬──────┬──────┬──────┬──────┐
     │翻译一科│翻译二科│翻译综合科│◄──│藏语文室│蒙语文室│维语文室│哈语文室│朝语文室│彝语文室│壮语文室│
     └──────┴──────┴──────┘   └──────┴──────┴──────┴──────┴──────┴──────┘
```

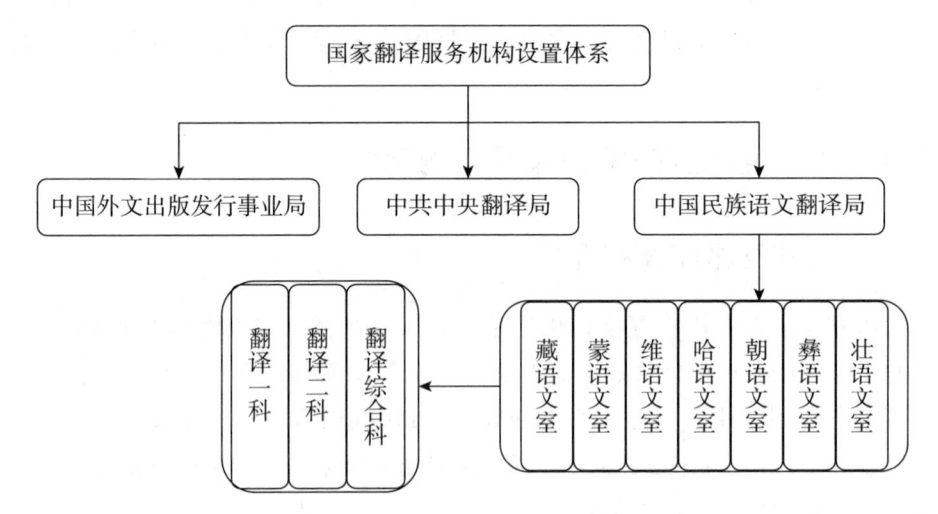

图 4-2　中国民族语文翻译局与藏语文室隶属关系及结构

新中国成立后百废待兴，政府以为人民服务理念和宗旨进行崭新的顶层设计，中国民族语文翻译局最大的供给在于国家意志的贯彻执行。根据中国民族语文翻译中心官网信息，自中国民族语文翻译中心（局）建立以来，完成"历届历次全国党代会、人代会、政协会议的文件翻译和同声传译任务；用蒙古、藏、维吾尔、哈萨克、朝鲜、彝、壮 7 种少数民族语言文字翻译一大批经典著作、文件文献、法律法规、词典书刊等。为宣传党和国家的路线、方针、政策，为维护民族团结、社会稳定和国家统一，促进少数民族和民族地区经济社会发展，繁荣和发展少数民族文化，推动民族语文翻译理论研究和学术交流都做出了重要贡献"。[①] 由此可见，包括藏语文室相关翻译服务的最大供给在于汉藏翻译服务，这是这一历史时期语言翻译服务供需关系所决

---

① 资料来源：http：//www.mzywfyj.org.cn/index/news/news_detail.html？aid=206&cid=2.

定的。

省属翻译服务机构。西藏、青海等五省区，根据社会变革及发展的需求，先后设立了地方性多层级的编译局，或称编译室、民语办、翻译室、翻译科。西藏自治区四大班子办公厅与各地市均设立编译局（室）；各县设立编译室（科）。青海省先后建成了各层级的民语办，或翻译室。同时，设置与翻译相关的民族语文机构。例如，隶属省政府办的青海省政府翻译室、直属省民宗委的青海省民宗委民语办、青海省民宗委古籍办、青海省藏语佛学院，隶属省委宣传部的青海省社科院民族研究所、青海省社科院藏学研究所、青海广播电台藏语频道、青海电视台藏语中心，直属省文化厅的青海省民族语动漫发展中心，隶属省文联的青海省《格萨尔》研究所，隶属省文化和新闻出版的青海民族出版社《章恰尔》编辑部、《刚坚少年报》编辑部、图书编辑部（藏文室）等（如表4-1所示）。甘肃、四川、云南也不例外，先后设立了地方性民语办等。经过不断发展，从国家到地方已经形成了金字塔式的多层级构成的翻译服务机构体系。

表4-1 青海省属翻译服务机构体系

机构名称	隶属关系	机构级别	机构性质
青海省政府翻译室	省政府办下属	县级常设	事业
青海省民宗委民语办	省民宗委直属	县级常设	参公
青海省民宗委古籍办	省民宗委直属	县级常设	事业
青海省藏语佛学院	省民宗委直属	县级常设	事业
青海省社科院民族研究所	省委宣传部下属	科级	事业
青海省社科院藏学研究所	省委宣传部下属	科级	事业
青海省民族语动漫发展中心	省文化厅直属	县级常设	事业
青海《党的生活》藏编部	省委宣传部直属	县级常设	事业
《青海畜牧业》藏编部	省畜牧厅下属	科级常设	事业
青海省药监局藏标委办公室		县级常设	参公
青海省《群文天地》藏编部	群艺馆下属	科级	事业
《青海藏文报》编辑部	青海日报社下属子报	县级常设	事业
中国藏族网通	青海日报社下属	县级常设	事业
青海省委党校报刊编辑部藏编室	省委党校下属	县级常设	事业

续表

机构名称	隶属关系	机构级别	机构性质
青海省教材编译中心	省教育厅直属	县级常设	事业
青海省教育厅《藏族教育》编辑部	省教育厅直属	县级常设	事业
青海藏文法制报编辑部	青海日报社子报	县级常设	事业
青海广播电台藏语频道	省委宣传部下属	市级常设	事业
青海电视台藏语中心	省委宣传部下属	市级常设	事业
藏文《科技报编辑部》	省科协下属	县级常设	事业
青海民族出版社《章恰尔》编辑部	省文化和新闻出版下属	县级常设	事业
青海民族出版社《刚坚少年报》编辑部	省文化和新闻出版下属	县级常设	事业
青海民族出版社图书编辑部（藏文室）	省文化和新闻出版下属	县级常设	事业
青海省《格萨尔》研究所	省文联下属	县级常设	事业
青海师大民族师范学院	青海师大二级学院	副厅级	事业
青海民族大学藏学院	青海民族大学下属学院	处级	事业
青海民族大学宗喀巴研究院	青海民族大学下属学院	处级	事业
青海省藏医院	省卫生厅下属	县级	事业

州、市属翻译服务机构。在国家和省属翻译机构体系设置框架下，青海省设置州、市属层级翻译机构体系。此外，各地市均设立编译局（室）。直属州政府的果洛州民族语文工作办公室、黄南州民族语文工作委员会办公室、海西州民族语文办公室、海南州藏语文工作委员会办公室、海北州藏语文字工作办公室、玉树州民族语言文字工作办公室，直属州委宣传部的果洛州委宣传部果洛报社藏编部、黄南州委宣传部黄南报社藏编部、海西州广播电台藏语部、海西州电视台藏语部、海南州电视台藏语部、海北州电视台藏语频道，下属州广电局的果洛州广播电视台藏语部、黄南州电视台藏语频道和下属文体广电局的玉树州文体广电局藏语部，等等（如表4-2所示）。

表4-2 青海省州、市属翻译机构体系

机构名称	隶属关系	机构级别	机构
果洛州民族语文工作办公室	州政府直属	县级	事业
果洛州委宣传部果洛报社藏编部	州委宣传部直属	副县级	事业

续表

机构名称	隶属关系	机构级别	机构
果洛州广播电视台藏语部	州广电局下属	副县级	事业
黄南州民族语文工作委员会办公室	州政府直属	县级	事业参公
黄南州委宣传部黄南报社藏编部	州委宣传部直属	县级	事业
黄南州电视台藏语频道	广播电视局下属	科级	事业
海西州民族语文办公室	州政府直属	县级	事业参公
海西州文联《刚尖梅朵》编辑部	州文联下属	县级	事业
海西州广播电台藏语部	州委宣传部直属	股级	事业
海西州电视台藏语部	州委宣传部直属	股级	公益事业
海南州藏语文工作委员会办公室	州政府直属	县级	事业参公
海南州电视台藏语部	州委宣传部直属	科级	事业
海南州委宣传部藏文报社	州委宣传部下属	科级	事业
海北州藏语言文字工作办公室	州政府直属	副处级	事业
海北州电视台藏语频道	州委宣传部直属	县级	事业
玉树州民族语言文字工作办公室	州政府直属	县级	事业
玉树州文体广电局藏语部	文体广电局下属		事业

县属翻译机构。在国家、省属和州、市属翻译多层多元机构体系框架下，青海省设置县属翻译机构体系。而且，各县设立编译室（科）。如直属果洛州县政府的有班玛县民语办、达日县民语办、甘德县民语办、玛多县民语办、玛沁县民语办、久治县民语办、河南县民语办、泽库县民语办、同仁县民语办、尖扎县民语办；直属海北州县政府的有祁连县藏语办、直属海晏县政府的海晏县藏语办、刚察县政府办内设的刚察县藏语办；海西州都兰县政府内设的都兰县藏语办；直属海南州兴海县政府的有兴海县藏语办、分别下属同德县和贵德县政府的有同德县藏语办和贵南县藏语办、贵德县政府职能部门的贵德县藏语办、直属共和县政府的共和县藏语办；分别直属玉树州囊谦县、杂多县、曲麻莱县、治多县政府的有囊谦县民语办、杂多县民语办、曲麻莱县民语办、治多县民语办，还有玉树县政府办、称多县政府办内设的玉树县民语办、称多县民语办等（如表4-3所示）。

表4-3 青海省县属翻译机构体系

机构名称	隶属关系	机构级别	机构性质
果洛州班玛县民语办	班玛县政府直属	科级	事业
果洛州达日县民语办	达日县政府直属	科级	事业
果洛州甘德县民语办	甘德县政府直属	科级	事业
果洛州玛多县民语办	玛多县政府直属	科级	事业
果洛州玛沁县民语办	马沁县政府直属	科级	事业
果洛州久治县民语办	久治县政府直属	科级	事业
果洛州河南县民语办	河南县政府直属	副科级	参公
果洛州泽库县民语办	泽库县政府直属	副科级	参公
果洛州同仁县民语办	同仁县政府直属	副科级	参公
果洛州尖扎县民语办	尖扎县政府直属	股级	参公
海北州祁连县藏语办	祁连县政府直属	科级	事业
海北州海晏县藏语办	海晏县政府下属	科级	事业
海北州刚察县藏语办	刚察县政府办内设	科级	事业
海西州都兰县藏语办	都兰县政府内设	科级	行政
海南州兴海县藏语办	兴海县政府直属	科级	参公
海南州同德县藏语办	同德县政府下属	科级	事业
海南州贵南县藏语办	贵南县政府下属	科级	参公
海南州贵德县藏语办	贵南县政府职能部门	科级	参公
海南州共和县藏语办	共和县政府直属	科级	参公
玉树州囊谦县民语办	囊谦县政府直属	科级	参公
玉树州杂多县民语办	杂多县政府直属	科级	参公
玉树州玉树县民语办	玉树县政府办内设	科级	事业
玉树州曲麻莱县民语办	曲麻莱县政府直属	科级	参公
玉树州称多县民语办	称多县政府办内设	科级	事业
玉树州治多县民语办	治多县政府直属	科级	参公

由此可知，多层级的翻译机构体系具有相同的职责，发挥相同的功能，完成相同的任务。总之，包括县民语办在内，翻译机构体系所提供的汉藏-藏

汉翻译服务，大多为汉藏翻译服务，这是整个机构体系的共同特征。

4.1.2 制度的架构现状

国家民族翻译局的制度体系结构及其执行的现状，反映了包括藏语文室在内的"中国民族语文翻译中心（局）"的制度建设现状，反映了包括汉藏-藏汉翻译在内的民族语翻译机构体系的制度建设现状。藏汉翻译机构体系这一短板，表现出汉藏-藏汉翻译服务机构体系建设的短板。在具有这一短板的框架下，主要集中在汉藏翻译服务制度建设。无论是国家层级，还是地方层级，汉藏翻译服务的制度建设也主要是各种职责建设，主要集中在基础性的职责建设。总体而言，基本未形成较详细、完善的制度。

国家翻译服务制度。根据官网，包括藏语文室在内的国家民族翻译中心（局）制度体系建设主要在于职责规定。具体主要承担党和国家重要文件、文献、法律、法规和重大会议的民族语文翻译和同声传译服务，为党、国家及社会组织提供民族语文翻译服务；开展民族语文基础理论、翻译理论和有关特殊问题的研究，提出有关意见建议；开展民族语文新词术语规范化、标准化研究，提出民族语文新词术语标准建议；开展民族语文信息化研究，参与和承办民族语文信息化相关工作；联系民族语文翻译机构和民族语文翻译专家，承担民族语文翻译服务有关业务交流合作和业务培训工作；承办国家民委交办的其他事项。制度体系建设，同样表现为职责的完善。

省属翻译制度。以青海省民族翻译制度体系建设为例，省属民族翻译制度体系建设，主要是职责的规定。具体为指导、管理、协调全省少数民族语言文字工作；宣传、贯彻落实党和国家关于少数民族语言文字的方针政策和法律法规，并监督检查其执行情况。依法保障少数民族学习、使用和发展本民族语言文字的权利；负责少数民族语言文字的规范化、标准化和信息化工作；承担跨省区民族语文协作和少数民族语文翻译系列职称评审工作；指导少数民族语言文字翻译服务工作，做好民族语文管理人员及翻译人才培训工作，鼓励各民族相互学习语言文字；抢救、保护少数民族语言文化资源，开展学术研究，促进民族语文科研工作。同样，省属翻译制度体系建设，主要为职责的明确。

州、市属翻译制度。包括州、市属翻译制度体系建设，主要为职责的规范。以果洛州民语办制度建设为例，果洛州民语办制度建设主要在于职责的规定，具体为宣传贯彻党的民族语文政策，检查督促国家法律、法规有关民族语文方面的规定及《果洛藏族自治州藏语言文字工作条例》的实施；指导、督促本地区藏语文的学习和使用；组织开展有关藏语文工作的各项检查、调研活动；依据有关法律、政策和本条例，制定并组织实施本地区藏语文工作的规划和具体实施；检查和指导本地区藏语文教学、扫盲、科研、学科研究、编译、新闻出版、广播影视、报刊音像制品、网络用字等；检查、管理并规范机关、人民团体、企事业单位的各种牌匾用字及市面社会用字；开展、推进本地区藏语文的规范化、标准化及信息处理工作，监督并承担藏语文传统词语的搜集、整理、翻译、抢救和使用新词术语统一规范工作；检查督促已公布的藏语文新译名词术语的推广工作；审定、统一自治州地名、机关名称和产品名称等的标准译文；组织开展并承担本地区藏文古籍文献的收集、整理、出版及藏文古籍文物的保护、收藏和抢救工作；承担州党政文件、重要公文、大型会议材料和有关重要资料的翻译任务；指导自治州其他同级机关和各部门的翻译工作；组织管理藏语文专业人才的业务培训和业务考核工作；颁发有关制度；协同有关部门指导、参与实施本地区藏语文专业技术职务任职资格的申报、评定工作；决定有关藏语言方面的各种奖惩，奖励和推广藏语文科研、文化成果；州藏语文工作机构指导全州藏语文工作部门的业务工作，协调藏语文工作各部门之间的业务关系。

  县属制度。包括县属制度体系建设，同样表现为主要职责的明晰。以果洛州下属民族翻译机构班玛县民语办的制度建设为例，其制度建设主要是职责的规定，具体为宣传贯彻党的民族语文政策，检查督促国家法律、法规有关民族语文方面的规定及果洛藏族自治州藏语言文字工作条例的实施；指导、督促本地区藏语文的学习和使用；组织开展有关藏语文工作的各项检查、调研活动，并组织实施本地区藏语文工作规则、措施和具体管理办法；检查和指导本地区藏语文教学、扫盲、科研、学科研究、编译、新闻出版、广播影视、报刊音像制品、网络用字等；检查、管理并规范机关、人民团体、企事业单位的各种牌匾用字及市面社会用字；开展、推进本地区藏语文的规范化、标准化及信息处理工作，监督并承担藏语文传统词语的搜集、整理、翻译、抢救和使用新词术语统一规范工作；检查督促已公布的藏语文新译名词术语的推广工作；审定、统一地名、机关名称和产品名称等的标准译文；组织开展并承担本地区藏文古籍文献的收集、整理、出版及藏文古籍文物的保护、收藏和抢救工作；承担县党政机关的主要公文、大型会议材料和有关重要资料的翻译任务；指导其他同级机关和各部门的翻译工作；组织管理藏语文专业人才的业务培训和业务考核工作;协同有关部门指导、参与实施本地区藏语文专业技术职务任职资格的申报、评定、颁证工作;决定有关藏语言方面的各种奖惩,奖励和推广藏语文科研、文化成果;指导、协助各单位的专(兼)职翻译、双语文秘人员,负责本部门公文和口头的翻译工作;积极协助上级业务部门的各项工作;按照本部门制定的译文工作流程、严把译文工作审核和质量关。

通过包括国家、省、州、市、县属各层级制度体系建设可知,各层的主要职责是建设。州县民语办职责内容大同小异,其他地区各层级民语办的职责与上述职责也基本相同。而果洛州民语办制定了较具体的流程,即第一,公文翻译工作流程;第二,翻译、审核本地区地名工作流程(如图4-3所示)。虽然所涉内容仅为地方性公文和地名,未涉及其他制度体系建设的具体内容,并且该流程使用范围很小,只在本地区实施,不能覆盖到其他地区,但是,值得肯定的是建立了制度建设的初步意识。

4.1.3 专业队伍基本现状

随着社会变革及发展,为了满足人们对先进理念、时代发展最强音信息的需求,不计其数的专业人员从事以汉藏翻译服务为主的汉藏-藏汉翻译服务。一定数量的藏文文献被翻译为汉文,既推动了文化间的交流,也培养了大批专业人员,汉藏翻译服务的队伍不断壮大。

西藏专业队伍结构。语言翻译服务机构体系的正常运行,很大程度上取决于专业队伍人员结构合理的配备。运行的绩效,取决于专业队伍的专业能力,以及对文化的熟悉程度。截至2018年,西藏主要翻译机构有区编译局、西藏人民广播电台、西藏电视台、西藏日报社、区教材编译处等。区编译局内设编译处,现有12名职工。其中,处级领导3名,主任科员7名,副主任科员1名;西藏电视台编译部现有职工67名。其中,正式职工34名,副高12名,中级19名;译制部现有职工42名。其中,副高7名,中级14名;西藏人民广播电台共有职工48名。其中,主要工作为汉藏翻译及编辑;区教材编译局现有职工55名。其中,高级8名,中级32名,初级11名。从1985年起,四大班子均设立翻译室,其编制及规模不等。区人民法院和检察院也设有翻译科,人员一般为5~6名;区直属地市均设有编译局和翻译科(室)。如日喀则,全区翻译人员共有79名,其中,高级职称为30名,所属18个县(市)的兼职翻译人员共有45名;昌都,全区翻译人员共有70名,其中,副

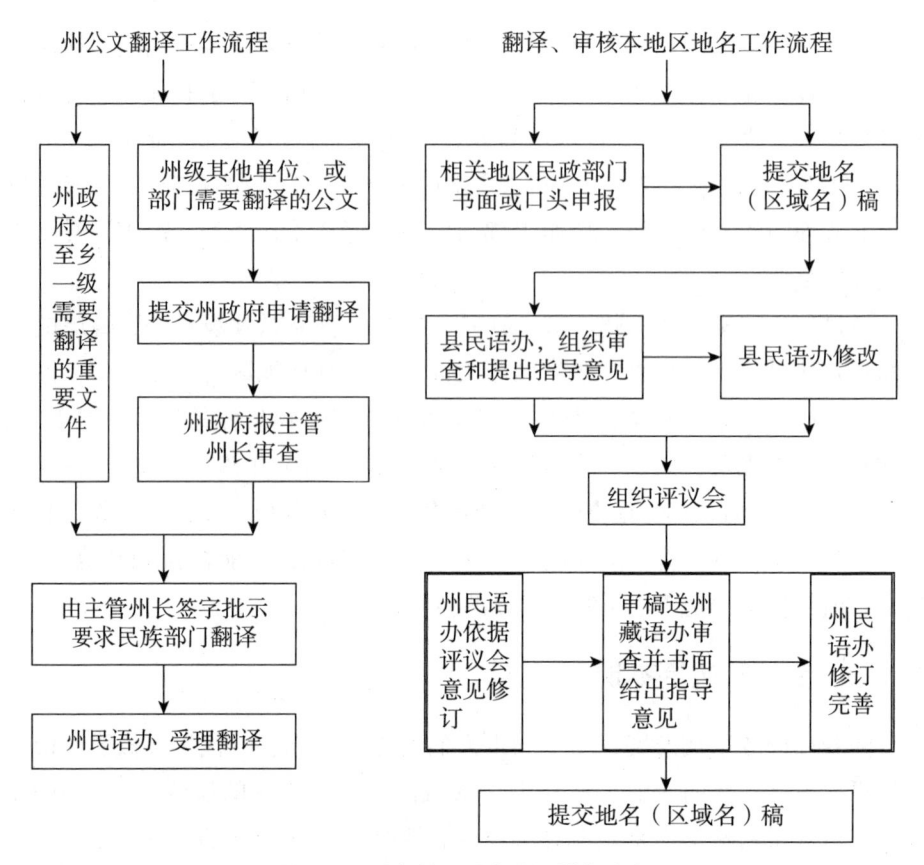

```
州公文翻译工作流程                    翻译、审核本地区地名工作流程
        ↓                                    ↓
  ┌──────┬──────────┐              ┌──────────┐      ┌──────────┐
  │州政府│州级其他单位│              │相关地区民政│─────→│提交地名  │
  │发至乡│或部门需要 │              │部门书面或 │      │(区域名)稿│
  │一级需│翻译的公文 │              │口头申报   │      │          │
  │要翻译│          │              └──────────┘      └────┬─────┘
  │的重要│          │                                       │
  │文件  │          │                                       ↓
  │      │          │              ┌──────────┐      ┌──────────┐
  └──┬───┴────┬─────┘              │县民语办，│─────→│县民语办  │
     │        ↓                    │组织审查和│      │修改      │
     │   提交州政府申请翻译         │提出指导意见│    └──────────┘
     │        ↓                    └──────────┘
     │   州政府报主管州长审查               ↓
     │        ↓                       组织评议会
     │                                    ↓
     │   ┌────────────────┐    ┌────────┬────────┬────────┐
     │   │由主管州长签字批示│    │州民语办│审稿送州│州民语办│
     │   │要求民族部门翻译 │    │依据评议│藏语办审│修订完善│
     │   └────────┬────────┘    │会意见修│查并书面│        │
     │            ↓             │订      │给出指导│        │
     │       州民语办 受理翻译   │        │意见    │        │
     │                          └────────┴────────┴────────┘
                                           ↓
                                    提交地名(区域名)稿
```

图 4-3 果洛州民语办翻译服务流程

高 2 名，中级 4 名，初级 15 名；山南，全区翻译人员共有 52 名，其中，高级 1 名，中级 6 名，初级 10 名；林芝，全区翻译人员共有 28 名；那曲，全区翻译人员共有 35 名；阿里，全区翻译人员共有 33 名。

　　由于西藏自治区的民族结构、地理环境结构和民族文化结构差异等，基本上凡从事民族事务和藏语文工作的机构均设有翻译科（室），并配备一定数量的承担汉藏-藏汉翻译服务的专业人员。从西藏翻译工作者协会第四届理事会理事组成人员的结构可窥见一斑。其中，109 名翻译协会理事，均来自各层级各单位及岗位。他们直接或间接从事汉藏-藏汉翻译服务，已成为西藏自治区各层级的翻译骨干。据不完全统计，"目前西藏从事各类翻译工作人员近 1000 名，其中高级翻译人员 50 多名，中级翻译人员 148 名，助理翻译人员 113 名"（达哇才让，2014）。同时，青海、甘肃、四川、云南等其他类似地区，都先后设立了汉藏-藏汉翻译服务机构体系，并配有翻译专业的人才。由此可见专业人才队伍建设的现状。

青海省级专业队伍结构。青海省多层级的翻译服务机构体系是满足汉藏-藏汉翻译服务需求的载体。这个载体的运行,取决于所配备的专业队伍的充分与适当性。虽然,专业队伍的规模不大,但根据本地区社会发展对民族语言翻译的需求,陆续构建了三级翻译机构体系,也配备了一定的专业人才。其中:总数为922人规模的省级专业队伍,由683名藏族、19名蒙古族、14名土族、17名回族、1名撒拉族和180名汉族人员构成。显然,藏族人数占总人数的74.08%,汉族人数占总人数的19.52%。其中,大多数居于18~50岁,18~35岁的人数占总人数的41.54%,36~50岁的人数占总人数的50.33%。这个年龄阶段的人员,是各单位的主力(如表4-4所示)。

表4-4 青海省级专业队伍民族和年龄结构

机构名称	总人数	翻译人员①	民族构成						年龄构成		
			藏族	蒙古族	土族	回族	撒拉族	汉族	18~35岁	36~50岁	>50岁
合计	922	251	683	19	14	17	1	180	383	464	74
省民宗委民语办	3	3	2		1				1	2	
省民宗委古籍办	6	4	4		2					5	1
省藏语佛学院	5	4	3	1	1					3	2
省社科院民族研究所	6	3	2		1	2	1		1	4	1
省社科院藏学研究所	5		4					1	1	3	1
省民族语动漫发展中心	9		6					3	1	7	1
青海《党的生活》藏编部	1	1	1						1		
《青海畜牧业》藏编部	2	1								2	
省药监局藏标委办公室	1	1								1	

---

① 不包括兼职人员。

续表

机构名称	总人数	翻译人员	民族构成						年龄构成		
			藏族	蒙古族	土族	回族	撒拉族	汉族	18~35岁	36~50岁	>50岁
省《群问天地》藏编部	2	2								2	
《青海藏文报》编辑部	26	15	18	2	1	3		2	6	17	3
中国藏族网通	19	10	15		1			3	11	6	2
省委党校报刊编辑部藏编室	5	3	4					1	1	4	
青海民族教材编译中心	47	28	35		1	2		9	5	33	9
省教育厅《藏族教育》编辑部	6	6	5			1				5	1
《青海藏文法制报》编辑部	6	5	6						3	3	
青海广播电台藏语频道	46	44	44					2	21	22	3
青海电视台藏语中心	96	45	94					2	71	20	3
青海《藏文科技报》编辑部	3	2	3						1	2	
《章恰尔》编辑部	6	5	6							4	2
《刚坚少年报》编辑部	8	8	8						1	6	1
青海民族出版社图书编辑部	11	11	11						1	8	2
省人民政府翻译室	8	6	4	2				2	1	3	4
省《格萨尔》史诗研究所	6	5	6						1	4	1
青海师大民族师范学院	204		148	2	4	5		45	39	151	14

续表

机构名称	总人数	翻译人员	民族构成						年龄构成		
^	^	^	藏族	蒙古族	土族	回族	撒拉族	汉族	18~35岁	36~50岁	>50岁
民族大学藏学院	29	29	29						4	19	6
省藏医院	357	10	225	12	4	2		110	212	128	17

数据来源：截至 2018 年，仁增教授长期统计整理结果。

从青海省专业人员素质结构判断，很大程度上取决于学历构成和职称结构。其中，高中学历 37 人，大专学历 198 人，本科学历 494 人，硕士 109 人，博士 27 人，大多为本科及以上学历。翻译职称正高为 22 人，副高为 43 人，中级职称为 42 人，初级职称为 6 人。副高和中级职称人数均衡，所占比重较大。此外，还有大量的兼职人员（如表 4-5 所示）。

表 4-5 青海省级专业队伍学历和职称结构

机构名称	学历构成					翻译职称（名）			
^	高中	大专	本科	硕士	博士	正高[1]	副高	中级	初级
合计	37	198	494	109	27	22	43	42	6
省民宗委民语办		1	1	1			1	1	
省民宗委古籍办		2	3	1		1	1	2	
省藏语佛学院		1	4			2	1	1	
省社科院民族研究所[2]			3	2	1	1			
省社科院藏学研究所[3]			2	3					

[1] 社科兼翻译：正高 1 名，副高 6 名，中级 7 名；编辑兼翻译：正高 7 名，副高 30 名，中级 22 名，初级 24 名；记者兼翻译：正高 1 名，副高 6 名，中级 2 名；教师兼翻译：正高 51 名，副高 70 名，中级 51 名；播音兼翻译：副高 5 名，中级 5 名；艺术兼翻译：正高 1 名，副高 2 名，中级 1 名；图书兼翻译：副高 2 名，中级 4 名，初级 3 名；畜牧兼翻译：副高 1 名；藏医药兼翻译：正高 4 名，副高 16 名，中级 34 名，初级 59 名。

[2] 社科兼翻译：副高 3 名，中级 2 名。

[3] 社科兼翻译：正高 1 名，副高 1 名，中级 3 名。

续表

机构名称	学历构成					翻译职称（名）		
	高中	大专	本科	硕士	博士	正高	副高	中级	初级
省民族语动漫发展中心①	1	4	4						1
《党的生活》藏编部			1				1		
《青海畜牧业》藏编部②		1	1				1		
省药监局藏标委办公室			1		1				
《群问天地》藏编部③				2					
《青海藏文报》编辑部④		6	20				1		
中国藏族网通⑤		1	18				1		
省委党校报刊编辑部藏编室⑥			3	2		1	1		1
青海民族教材编译中心⑦	3	10	29	4	1	2	9	15	2
省教育厅《藏族教育》编辑部			6			2	3	1	
《青海藏文法制报》编辑部			5	1			1	2	
青海广播电台藏语频道⑧		11	35			2	8	15	

① 记者兼翻译：副高 1 名。艺术兼翻译：副高 2 名，中级 1 名。图书档案兼翻译：中级 1 名。
② 畜牧兼翻译：副高 1 名
③ 编辑兼翻译：正高 1 名，副高 1 名。
④ 编辑兼翻译：副高 11 名，中级 3 名，初级 10 名。
⑤ 编辑兼翻译：副高 2 名，中级 3 名，初级 11 名。记者兼翻译：正高 1 名，副高 1 名。
⑥ 教师兼翻译：正高 2 名。
⑦ 编辑兼翻译：副高 1 名，中级 4 名。图书：初级 1 名。
⑧ 编辑兼翻译：副高 1 名，中级 1 名。播音兼翻译：副高 1 名，中级 2 名。

续表

机构名称	学历构成					翻译职称（名）		
	高中	大专	本科	硕士	博士	正高	副高	中级	初级
青海电视台藏语中心①	1	2	81	10		2	15	6	
青海《藏文科技报》编辑部			3			1	1		
《章恰尔》编辑部			6			1	3	2	
《刚坚少年报》编辑部②			6	2					
青海民族出版社图书编辑部③			8	3					
省人民政府翻译室	1	1	6			1	2		1
省《格萨尔》史诗研究所④			4	2		1		1	
青海师大民族师范学院⑤	14	15	108	49	18				
民族大学藏学院⑥			6	16	7				
省藏医院⑦	17	143	131	11				1	1

数据来源：截至2018年，仁增教授长期统计整理结果。

青海六州地区专业队伍结构。青海六州地区专业队伍，除了承担上级下达的翻译服务外，还要承担满足本级翻译服务需求的任务。州、市级语言翻译服务机构体系的各层级，主要是指六州地区的各层级，凸显了区域性特征。民族构成和年龄构成，也凸显了专业人才队伍的结构现状。目前，青海六州地区专业队伍总人数为141人。其中民族构成为藏族、蒙古族、土族、回族、

---

① 编辑兼翻译：正高3名，副高7名，中级8名。记者兼翻译：副高4名，中级2名。艺术兼翻译：正高1名。播音兼翻译：副高4名，中级3名。
② 编辑兼翻译：正高1名，副高3名，中级1名，初级3名。
③ 编辑兼翻译：正高2名，副高5名，中级3名。
④ 社科兼翻译：副高2名，中级2名。
⑤ 图书兼翻译：副高2名，中级3名，初级1名。教师兼翻译：正高33名，副高63名，中级48名，初级9名。
⑥ 教师兼翻译：正高16名，副高7人，中级3人，初级2人。图书兼翻译：初级1人。
⑦ 藏医药兼翻译：正高4名，副高16名，中级34名，初级59名。

撒拉族、汉族。其民族分布的结构倾向集中体现了基层社会的特征。越往基层，专业人员越是集中凸显区域性民族结构的特征，藏族人数占总人数的比重为 89.36%。年龄结构倾向于 50 岁以下，这凸显了该地区国家通用语言文字推广普及的成效（如表 4-6 所示）。

表 4-6 青海六州地区专业队伍民族和年龄结构

机构名称	总人数	翻译人员①	民族构成					年龄构成		
			藏族	蒙古族	土族	回族	撒拉族	汉族	18~35岁	36~50岁	>50岁
合计	141	92	126	9	4			2	60	54	7
果洛州民族语言文字工作办公室	6	6	6						1	4	
果洛州委宣传部果洛报社藏编部	6	2	4					2	1	4	1
果洛州广播电视台藏语部	7	7	7						5	2	
黄南州民族语文工作委员会办公室	8	4	6		2				2	5	1
黄南州委宣传部黄南报社藏编部	6	6	6						1	3	2
黄南州广播电视台藏语频道	8	2	6		2				6	2	
海西州民族语文办公室	16	15	7	9					8	5	3
海西州文联《岗尖梅朵》编辑部	5	5	5						2	3	
海西广播电台藏语部	6	3	6						2	4	
海西州电视台藏语部	6	2	6						6		
海南州藏语文工作委员会办公室	16	16	16						3	7	

---

① 不包括兼职人员。

续表

机构名称	总人数	翻译人员	民族构成						年龄构成		
			藏族	蒙古族	土族	回族	撒拉族	汉族	18~35岁	36~50岁	>50岁
海南州电视台藏语部	9	2	9						2	7	
海南州委宣传部藏文报社	4	4	4						2	2	
海北州藏语文字工作办公室	4	3	4						1	2	
海北州电视台藏语频道	4	2	4						2	2	
玉树州民族语文工作办公室	10	3	10						1	2	
玉树州文体广电局藏语部	20	10	20						15	5	

数据来源：截至 2018 年，仁增教授长期统计整理结果。

根据青海六州地区专业人才队伍的职称结构，正高职称占总人数的 2.13%，副高职称占总人数的 9.93%，中级职称占总人数的 12%，初级职称占总人数的 7.8%。总体而言，专业人才的职称分布存在结构性差异。例如，三个正高分布在果洛州民族语言文字工作办公室，黄南州委宣传部黄南报社藏编部，海北州藏语文字工作办公室。绝大多数单位和部门的最高职称为副高职称，有的部门的最高职称为中级职称。显然，职称缺乏合理的梯队结构，这样容易出现青黄不接，或整体专业能力受限的现状（如表 4-7 所示）。

表 4-7　青海六州地区专业队伍职称结构

机构名称	总人数	翻译人员①	职称②			
			正高	副高	中级	初级
合计	141	92	3	14	17	11
果洛州民族语言文字工作办公室	6	6	1	2	2	1
果洛州委宣传部果洛报社藏编部③	6	2			2	
果洛州广播电视台藏语部④	7	7				
黄南州民族语文工作委员会办公室	8	4			1	
黄南州委宣传部黄南报社藏编部⑤	6	6	1	1	3	
黄南州广播电视台藏语频道⑥	8	2		1	1	1
海西州民族语文办公室	16	15			4	1
海西州文联《岗尖梅朵》编辑部⑦	5	5				
海西广播电台藏语部⑧	6	3		2	1	
海西州电视台藏语部⑨	6	2				
海南州藏语文工作委员会办公室	16	16		1	4	
海南州电视台藏语部⑩	9	2		2		
海南州委宣传部藏文报社	4	4			2	
海北州藏语文字工作办公室	4	3	1	1		1
海北州电视台藏语频道⑪	4	2		1	1	
玉树州民族语文工作办公室⑫	10	3		1	1	

---

①　不包括兼职人员。
②　记者兼翻译：副高 1 名，中级 2 名，初级 3 名；播音兼翻译：副高 4 名，中级 5 名，初级 2 名；编辑兼翻译：副高 5 名，中级 5 名，初级 8 名。
③　编辑兼翻译：中级 2 名；记者兼翻译：中级 1 名，初级 1 名。
④　编辑兼翻译：初级 1 名；记者兼翻译：副高 1 名，初级 1 名；播音兼翻译：副高 1 名，初级 1 名。
⑤　编辑兼翻译：中级 1 名。
⑥　编辑兼翻译：初级 1 名；记者兼翻译：初级 1 名；播音兼翻译：初级 1 名。
⑦　编辑兼翻译：副高 2 名，初级 3 名。
⑧　编辑兼翻译：副高 1 名；播音兼翻译：中级 1 名。
⑨　编辑兼翻译：初级 1 名。
⑩　编辑兼翻译：中级 2 名；记者兼翻译：中级 1 名；播音兼翻译：副高 2 名。
⑪　播音兼翻译：初级 1 名。
⑫　编辑兼翻译：中级 1 名。

续表

机构名称	总人数	翻译人员	职称			
			正高	副高	中级	初级
玉树州文体广电局藏语部①	20	10		1		1

数据来源：截至2018年，仁增教授长期统计整理结果。

县级专业队伍结构。下沉到基层县一级，从民族构成和年龄构成，可见从业人员的民族文化背景以及从业经验的积累程度。从青海省县一级的专业队伍的民族结构看，从事翻译服务的人员占总数的84.81%，藏族占据绝对的比例，这与该地区的民族结构有关，与该地区基层县的工作人员几乎全都是藏族的特征相符，也与基层社会普遍存在的语言障碍和语言援助困境的现状相吻合。实际调查同样反映专业队伍中除了功底深厚的人，就是受益于国家改革开放政策，受益于国家通用语言文字推广普及的年轻人居多。从这一民族结构和年龄结构传递的信息分析，可得知存在对农耕文化语境的汉语言文字理解困境（如表4-8所示）。

表4-8　六州地区县级专业队伍民族和年龄结构

机构名称	总人数	翻译人员	民族构成						年龄构成		
			藏族	蒙古族	土族	回族	撒拉族	汉族	18~35岁	36~50岁	>50岁
合计	79②	67	83	1	1			1	35	49	2
果洛州班玛县民语办	3	3	3						1	2	
果洛州达日县民语办	2	2	2							2	
果洛州甘德县民语办	2	2	2						1	1	
果洛州玛多县民语办	4	4	4						3	1	
果洛州玛沁县民语办	1	1	1						1	1	
果洛州久治县民语办	3	2	3						1	2	
黄南州河南县民语办	1	1	1						1		

---

① 编辑兼翻译：副高1名，初级1名；播音兼翻译：副高1名，中级4名。

② 不包括兼职人员。

续表

机构名称	总人数	翻译人员	民族构成					年龄构成		
			藏族	蒙古族	土族	回族	撒拉族	汉族	18~35岁	36~50岁	>50岁
黄南州泽库县民语办	2	2	2							1	1
黄南州同仁县民语办	5	3	4		1					3	2
黄南州尖扎县民语办	3	2	3							2	1
海北州祁连县藏语办	1	1	1							1	
海北州海晏县藏语办	2	2	2							1	1
海北州刚察县藏语办	3	3	3								3
海西州都兰县民语办	2	2	1	1						1	1
海南州兴海县藏语办	5	5	5								5
海南州同德县藏语委办	5	5	5							1	4
海南州贵南县藏语委办	4	1	4							1	3
海南州贵德县藏语委办	4	3	4								4
海南州共和县藏语委办	6	6	6							2	4
玉树州囊谦县民语办	3	2	3						1	1	2
玉树州杂多县民语办	3	3	3							1	2
玉树州玉树县民语办	5	3	5							2	3
玉树州曲麻莱县民语办	4	4	4							4	
玉树州称多县民语办	3	1	3							1	2
玉树州治多县民语办	3	4	4							3	2

数据来源：截至2018年，仁增教授长期统计整理结果。

结合民族结构和年龄结构，学历结构和职称结构也是判断专业队伍现状的衡量标准。相对而言，基层县一级民语办或藏语办，不包括兼职在内，总人数为79人，翻译人员67人；最高学历为硕士，硕士约占总人数的3.8%，最低学历为高中，高中人数约占总人数的7.6%，大多数为大专和本科学历，大专和本科学历的人数分别占总人数的38%和51%左右。学历结构基本符合正态分布，相对以往而言，学历有了很大的提升。该层级的职称结构显示普遍偏低，最高为副高职称，教师兼翻译的职称人数也普遍偏少，大多为中级职称，还有初级职称。由此可见，国家通用语言文字推广普及的紧迫性以及专业队伍资源的稀缺性（如表4-9所示）。

表4-9 六州地区县级专业队伍机构学历和职称结构

机构名称	总人数	翻译人员①	学历构成					职称	
			高中	大专	本科	硕士	副高	中级	初级
合计②	79	67	6	30	40	3	1	6	8
果洛州班玛县民语办	3	3			3				
果洛州达日县民语办	2	2			2			1	
果洛州甘德县民语办	2	2		1					
果洛州玛多县民语办	4	4			4				
果洛州玛沁县民语办	1	1			1				
果洛州久治县民语办	3	2		2					
黄南州河南县民语办	1	1			1				
黄南州泽库县民语办	2	2			2				
黄南州同仁县民语办	5	3			5				
黄南州尖扎县民语办	3	2		1		1		翻译1	
海北州祁连县藏语办	1	1			1				
海北州海晏县藏语办	2	2		1	1				
海北州刚察县藏语办	3	3	1	1		1			
海西州都兰县民语办	2	2		1	1				
海南州兴海县藏语办	5	5		4	1				

① 不包括兼职人员。
② 不包括兼职人员。教师兼翻译：中级2名，初级1名。其中：果洛州久治县民语办教师兼翻译：中级1名；海西州都兰县民语办教师兼翻译：初级1名；玉树州治多县民语办教师兼翻译：中级1名。

续表

机构名称	总人数	翻译人员	学历构成					职称	
			高中	大专	本科	硕士	副高	中级	初级
海南州同德县藏语办	5	5		3	2				
海南州贵南县藏语办	4	1	1	2	1				
海南州贵德县藏语办	4	3			4				2
海南州共和县藏语办	6	6	3	1	2			2	1
玉树州囊谦县民语办	3	2	1	1	1		1		
玉树州杂多县民语办	3	3		3				1	2
玉树州玉树县民语办	5	3		2	3				
玉树州曲麻莱县民语办	4	4		2	1			1	2
玉树州称多县民语办	3	1		2	1				
玉树州治多县民语办	3	4		3	1	1			

数据来源：截至2018年，仁增教授长期统计整理结果。

4.1.4 词典编纂现状

语言翻译服务的词典编纂。工具书主要指的是辞书，尤以词典为重，是语言翻译的权威依据之一，是衡量语言翻译服务质量的标准之一。一定程度上，词典的多寡，质量和水平的高低，直接影响语言翻译服务的精准程度，影响文化传播传承的精准程度，影响信息传递的精准程度。新中国成立后，无论是从数量而言，还是从质量来论，汉藏-藏汉对照辞书的编纂和出版都得到了前所未有的增加和提高。仅从藏汉翻译词典编纂而言，1954年中央民院编印《藏汉口语词典》和《藏汉对照拉萨口语词典》；1955年，青海民族出版社出版了《藏汉辞汇》（上下两册）；1957年，民族出版社出版了《五体清文鉴》（上中下），青海人民出版社出版了《藏汉辞汇》（增订版），民族出版社出版了藏汉对照辞书《格西曲扎藏文辞典》，中央民院油印了《藏汉口语词汇》；1958年，民族出版社出版了自编的《藏汉词汇注解》；1963年，西北民院藏文教学研究室主编首次印行《藏汉词典》，还编印了《汉藏词汇》；1966~1976年，问世两部汉藏对照集，分别是中央民院编印的《汉藏口语词汇》和青海民院少语系油印的《汉藏翻译常用虚词释例》；1978年，《藏汉大词典》征求意见稿面世，同时该词典编写组编印了《同义词词目》《因明学词目》

和《历算学词目》等；1979年，西北民院编纂了《藏汉词典》；1981年，民族出版社出版了藏汉对照本《丁香帐——藏文古今词语辨析》，《藏汉佛学词汇》（上下两册）初稿问世；1983年，民族出版社出版了《藏汉对照拉萨口语词典》；1985年，青海民族出版社出版了藏汉对照本《藏语成语集》，民族出版社出版了《藻饰词论·智者耳饰》，《藏汉大辞典》公开发行（上、中、下三册）；1986年，青海民族出版社出版了《藏汉佛学词典》；1987年，该社还出版了《藏汉对照常用合称词词典》；1990年，青海民族出版社出版了《御制五体清文清文鉴汉藏文专辑》；1991年，《梵藏汉对照词典》问世；1992年，民族出版社出版了《藏汉对照丹珠尔佛学分类词典》，这一年青海民族出版社出版了《佛学词典》；2000年，民族出版社出版了《藏英汉对照小词典》；2004年，外文出版社出版了《汉藏英对照常见藏语人名地名词典》；2014年，民族出版社出版了《西藏自治区行政村名及寺院山川名汉藏对照》；等等。此外，还先后出现了不少对藏汉翻译有参考价值的汉藏对照词典，如《汉藏词典》。

词典编纂分类。汉藏–藏汉翻译词典编纂分类越细，说明市场定位越来越细。按语言分类，分为双语词典和多语词典。如《西番译语》《藏汉辞汇》《藏汉大辞典》等双语词典，《五种语言对照词汇集》《五译集要》《五体清文鉴》《梵藏汉对照词典》等三种或三种以上语言对照的多语词典。按词典性质分类，可分为语文词典与专科词典。如《丁香帐——藏文古今词语辨析》《藏汉对照拉萨口语词典》等着重解释词义说明语音及语法特征的语文词典，《藏汉佛学词典》《因明学词目》《历算学词目》等专科词典。依词目数量规模分，可分为大中小三型。如《藏汉大辞典》《五体清文鉴》等大型词典，《格西曲扎藏文辞典》《藏汉对照常用合成词词典》等中型词典，《历算学词目》等小型词典。从词条编排方式分，主要有按类排列的传统型词典。如《西番译语》《五体清文鉴》等，按藏文等音序排列的现代型词典《藏汉辞汇》《藏汉大辞典》等。若从种类划分，主要有《格西曲扎藏文辞典》《藏汉大辞典》等综合性词典，《藏汉佛学词典》等术语词典，《藏汉口语词典》等口语词典，《藻饰词论·智者耳饰》等同义词词典，《藏语成语集》等成语词典。可以说，藏汉翻译词典类型丰富多样，既有综合性的，也有专业性的；既有书面的，也有口语的；既有简明的，也有详解的。这为汉藏–藏汉翻译服务规范化，起到了重要的作用。

以上反映了语言翻译服务路径所依赖的现状基础。中国民族语文翻译中心（局）设置及其翻译服务，反映国家翻译服务实践模式及框架结构，其主要职责是提供汉语言与少数民族语言文字互译的服务，从设立至今的成果得到印证。机构多层级设置，反映了这一职责的供需关系。从中国民族语文翻译局下设的藏语文室及其内设的翻译一科、二科和综合科，以及省、州、市、县各层级及多元的地方性编译局（室）或民语办或翻译室（科），可见从国家到地方已经形成了金字塔式的各层级的机构体系。与此相伴的是，制度层级结构体系、专业队伍层级结构体系和词典框架结构，这个汉藏-藏汉翻译服务体系的架构是推普间接路径的基础。其中，主要从汉藏翻译服务路径发挥着推普的功能。长期以来，这便也成了路径依赖，发挥着推普的积极功能。也因此路径依赖，固化了汉藏翻译和藏汉翻译的认识，人们往往以汉藏翻译服务等同于藏汉翻译服务，将推普的汉藏翻译服务路径等同于藏汉翻译服务路径，以至于忽略了推普的汉藏翻译服务和藏汉翻译服务间接路径"1+1>2"的协同效应，以及汉藏-藏汉翻译服务体系在推普中的路径合力功能。也因此路径依赖，人们忽略了语言翻译服务机构体系的优化需求，为研究提供了补齐短板的空间。

4.2 语言翻译服务体系之短板

4.2.1 组织机构架构之短板

组织机构体系为规范语言服务质量架起了框架。中国民族语文翻译中心（局）及其内设的诸如藏语文室及其翻译一科、翻译二科和综合科，在一定历史阶段有其工作重点，如侧重汉藏翻译服务。这也是各层级机构的工作重点，特定时期甚至成为其工作的全部。自中国民族语文翻译中心（局）设置以来，工作的重点在于党和国家大政方针、治国理念、法律法规文件的翻译和宣传，在于推动民族语文翻译理论研究和学术交流，繁荣和发展民族文化等。其中，汉藏翻译服务对推广普及汉语言以解决语言障碍和语言援助困境发挥了积极的作用。省属、区、市属和县属各层级机构体系也不例外，下属各层级机构体系，各有其职责权限，所承担的语言翻译服务有其相应的内容和任务。如黄南州翻译科职责是州、市属机构体系职责的缩影，其职责主要为"承担州党代会、人代会、团代会、妇代会等大型会议的笔译和口译……承担党政机关和州直单位的各种牌匾市面用文的笔译和审定工作；承担州委办公室、州政府办公室以及有关部门转给各委的各种文件，包括下发到乡、镇、村一级主要文件的笔译……"① 海南州民语办翻译科职责主要是"有偿承担各部门的主要公文、会议材料和有关资料，自治州国家机关和企事业单位的公章、牌匾、商品名称、汽车门徽、广告、布告、横幅等社会用语和市面用语的翻译任务，并负责审核工作"②。越往基层走，语言翻译服务就越接近生产生活。在汉藏翻译服务需求能够得到保障的同时，藏汉翻译服务的供需短板现象依然存在。根据语言学、心理学和翻译学等学科的理论，汉藏翻译服务机构体系和藏汉翻译服务机构体系，承载着推广普及汉语言的功能，无论是从汉藏语言翻译服务还是从藏汉语言翻译服务，都是国家通用语言文字传播的路径，都能为国家通用语言文字提质增效铺路搭桥。长期以来，人们却忽略了汉藏-藏汉翻译服务在推广普及汉语言工作上的路径协同效应功能。根据上述，汉藏翻译服务注重自上而下灌输式地推广普及国家通用语言文字路径。如果能发挥藏汉翻译服务在国家通用语言文字推广普及中的作用，相对而言，无疑可以补齐短板，拓宽国家通用语言文字推广普及、增质提效路径。这为基于公共文化服务体系，优化汉藏-藏汉翻译公共文化服务机构体系研究，提供了依据。

4.2.2 制度架构之短板

制度体系为高质量的语言翻译服务架起了框架结构。制度短板主要反映在两个方面：一是内部控制制度短板；二是专业性制度短板。根据前述，从国家民族语文翻译局到省属、州、市属再到县属翻译服务的制度体系建设主要表现为职责要求。大多的职责规范主要是相互之间或内部的隶属关系，分工权限和职责的划分等。因为每个层级从事专业翻译的人员的短缺，导致了内部管理制度的短板；从专业规范性而言，翻译服务大多集中在政治和文学典籍领域，即便是民间的翻译服务，大多也如此。村级农牧业的经验大多是口口相传的，管理方面也不例外。在语言翻译服务过程中，地方机构最基本的译规、标准等制度，亦是语言翻译专业服务规范的短板。如同一典籍的人名、地名、书名、藻饰词、特殊文化词，甚至是句子的译法和用字不同、不符合原文，可见藏汉翻译译规对语言翻译服务的数量和质量造成了负面影响。

---

① 资料来源：黄南州民语办翻译科职责。
② 资料来源：海南州民语办翻译科职责。

4.2.3 专业队伍之短板

专业队伍的建设无论从充分性，还是适当性视角，都透视出短缺现象及效应。充分性短缺是指数量的短板，首先是指从事汉藏-藏汉翻译服务的专业人才的数量不足以满足日益增长的国家通用语言文字推广普及以解决语言障碍对语言援助需要的现象；其次是指汉藏-藏汉翻译服务成果的数量不足以满足拓宽国家通用语言文字推广普及路径，解决语言障碍对语言援助的现实需要的现象。适当性短板包括专业队伍的质量和成果的短板，首先是指从事汉藏-藏汉翻译服务的专业人才的知识结构、专业素养的短板，包括职业和执业的专业素养短板。例如，专业基础知识、专业基本理论、经历和阅历、经验积累、技巧和技能、职业道德等方面的短板；其次是所展示的参差不齐的成果质量也不足以满足推广普及国家通用语言文字以解决语言障碍对语言援助成果质量的需求。从语言翻译服务的专业人才的充分性和适当性可见专业队伍短板之所在。

西藏从事各类翻译的人员中以藏族为主，也有汉族，还有其他少数民族，甚至还有外国人。但大多数为藏语文工作者、或藏学研究者、或藏学爱好者，而不是专业的职业者。《西藏汉藏翻译队伍状况调查与分析》对该地区部分汉藏-藏汉翻译服务的专业人员的"专业性"进行抽样调查，结果显示"所受教育为翻译专业的有 18 人，占 35.5%；藏语文、汉语文、外语类专业分别为 17 人（33.3%）、1 人（2%）；其他专业 9 人（17.6%）"（罗爱军等，2010）。其中，"所受教育为翻译专业"不是确切的真正现代学科意义上的"翻译专业"，而是藏语言文学专业设置的"汉藏翻译方向教育"。据调查得知，从事翻译服务的人员中包括藏族和其他民族，但他们都没有翻译专业相关的学历证书。对于从事翻译服务的人而言，无法专业系统地学习和训练会影响翻译队伍整体的专业素质，也影响专业成果的质量和规范程度。专业设置和培养模式密切相关，2006 年，我国翻译学首次从语言学与应用语言学中分离，成为一门独立的的学科，随后形成了完整的学位体系及相应的培养模式和教学体系，培养出大批翻译专业的人才。但是这些多层次学位的学科专业、教学体系，以培养跨国语际的翻译人才为主。相对而言，国内语际间的翻译人才的培养则为短板。我国 22 所民族院校中只有少数的民族大学设有翻译专业的硕士学位，其中的三所于 2011 年开始招生，一所于 2014 年申办并在次年招生。但没有将国内的民族语种翻译专业纳入其中，其他各民族院校在培养翻译人才方面，与其他非民族类普通高校相比，无论是培养模式还是专业设置或教学模式，没有太多专业特色。而青海民族大学、西藏大学、西北民大等地方高校根据区域社会发展需求试办的"汉藏翻译"专业，虽然招生早培养人数多，但仅在中国少数民族语言文学专业下设置的一个方向，不具有真正意义上的专业性质。因而，包括汉藏-藏汉翻译在内的国内语际翻译专业的短板，决定了翻译服务质量上的缺陷和数量上的不足。进一步凸显了藏汉翻译专业及培养模式、教学体系和人才队伍的先天不足。正如储著武先生所说，"民族语文翻译作为一门专业，仅在部分高校有这个方向，学科上大都属于语言学。至于培养民族语文翻译专业硕士生、博士生这类高层次人才，更是无法谈及"（储著武，2012）。这几所大学所培养的"汉藏翻译"人才属于民族语言类人才，算不上真正意义上的翻译类专业的人才，这也就决定了汉藏-藏汉翻译服务的固有缺陷及其体系所依赖的基础条件的短缺现状。

　　语言专业和翻译专业的学科定位、培养目标，指导思想、教学目的和教学体系及所培养的人才有着本质区别。与此相同，藏语言专业培养的专业人才和汉藏-藏汉翻译专业人才也有本质的区别。语言专业是翻译专业的基础，由此延伸的区别表现在规范要求、标准依据、教学重点和培养意识诸多方面（如表4-10所示）。正如仲伟合先生和穆雷先生在谈及翻译人才与语言人才的区别及翻译人才的特殊性和专门性时所指出，"翻译专业人才不仅需要精通两门语言，同时还需要拥有广博的文化以及相关的专业知识；翻译专业人才需要掌握各种翻译技巧，进行大量的翻译实践，内化为译者/译员的自觉行为；翻译专业人才需要具备清醒的译者角色意识、良好的职业道德、踏实进取的工作作风、自觉的团队合作精神和处乱不惊的心理素质等。"并认为翻译专业人才的培养，应该从语言培养、翻译技能培养与百科知识传授三方面入手。而传统的语言专业教学，更多解决语言问题。由于对翻译专业人员素质和能力的特殊要求，目前世界各国在翻译人才的培养上都采取了特殊的培养模式（仲伟合、穆雷，2008）。因此，在培养汉藏-藏汉翻译服务的高层次专业队伍及其人才时，也应该意识到人们对学科间、专业间、方向间的认识差异及短板，意识到将语言专业和翻译专业混淆的短板所在及其影响后果，意识到按照学科特征，打破以往的语言类人才培养模式，以语言专业为基础，创新构建各层次汉藏-藏汉翻译服务高层次人才培养模式和教育体系，从而造就更多的推普进入快速道所需的高层次专业人才。而这，恰恰是汉藏-藏汉翻译服务人才培养意识之短板所在。

表 4-10　语言专业与翻译专业的差异

区分点	语言专业	翻译专业
学科定位	语言学、应用语言学	翻译学或应用翻译学
培养目标	语言工作者	专业翻译人才
指导思想	一种语言的技能训练	两种语言的口、笔译实践或操作能力
教学目的	应用语言的能力	口、笔译能力；双语转换的技能训练及翻译知识和训练
交流目的	两语沟通交流	两种语言间转换
翻译标准	以原文为依据	以客户需求为依据
教师要求	较强之语言应用能力	丰富之翻译实践经验
语言要求	强调一语的应用能力	译出语和译入语应用能力并重
教学体系	侧重封闭式	侧重开放式
教学重点	译文与原文语言层面对应关系；有句无章；语言及语法知识	原文内容再现的完整性及译文效果；篇章整体效果；学科知识及术语和概念，专业培训；翻译策略、方法、技巧、意识及翻译问题的解决能力
培养意识	学术意识、读者意识	市场、客户等服务意识

4.2.4　词典编纂之短板

词典、辞典等工具书译名缺乏标准所表现出的短板。尽管现有词典各具特色，有其参考价值，但均存在这样或那样的缺陷，这也是在完善过程中的具体表现。以地名的翻译为例，西藏自治区仁布县仁布乡的地名在《西藏地名》中译作"日龙普"（武振华，1996），《西藏自治区行政村名及寺院山川名汉藏对照》中译作"日朗布"（李万瑛、达哇才让，2016），《汉藏对照新词术语》中译作"日龙布"；例如，仁布县的一个在《汉藏对照新词术语》中被译作"江嘎"的村，在《西藏地名》中被译作"江嘎"的藏文却与此不同，而《西藏自治区行政村名及寺院山川名汉藏对照》中，被译作"杰嘎"的藏文却与这个仁布县的小村的藏文写法相同。

不仅如此，甚至在同一本翻译词典中，也出现很多一名多译的现象。《青海省地名录》藏汉对照本收录藏语地名约有 4200 条，其中存在不少同名的藏语地名，但其汉文译名却各不相同、多种多样。如同一藏语名分别译作"嘎尔沃尔"和"尕果日"；被分别译作"可赫尔"和"卡尕尔"的藏语名，也是同一藏语名；被译作"尕玛""改麻""尕买""尕玛儿"等名称的藏语名，也是同一个藏语名；还有被译作"目尔加""俄什加"的，被译作"年乃""亚那""南戈""里日更""那更"的，被译作"坡若""波洛""霍尔""乎若""郝如""婆饶"的，被译作"木里""莫口""默勒"的，被译作"隆务""龙吾""仁务"的，被译作"松都""松多""森多"的，等等，都分别有一个相同的藏语名。

藏语地名一名多译问题，或者收词不规范的问题，藏药名称在相关词典中出现的错译现象，在其他藏汉词典中存在类似的现象，甚至更为突出。这些问题在一定程度上影响了汉藏-藏汉翻译服务的质量和规范化，同时，也反映了汉藏-藏汉翻译服务词典编纂之短板。由此可见，汉藏-藏汉翻译服务的短板所在，语言翻译服务的供需关系及其对汉语言提质增效的路径功能。

1.3 语言翻译服务路径的认识误区

上述内容从汉藏-藏汉翻译服务所呈现的短板所在，进一步说明语言援助是解决语言障碍的有效路径，汉藏-藏汉翻译服务是多、快、好、省地推广普及汉语言的有效路径。有效的汉藏-藏汉翻译服务可以为推普、提质增效拓宽路径，提供汉语言条件，创设汉语言环境，营造汉语言的氛围。为此，应该从理论指导、组织机构和制度健全，专业人才队伍建设、各类专业工具书等维度，从广度、高度、深度、宽度各方位优化汉藏-藏汉翻译服务体系，为汉藏-藏汉翻译服务提供提纲挈领的框架结构和前提条件，满足推普与时俱进的汉藏、藏汉翻译服务路径的需求。但实践中，在缺乏足够的数量和质量的语言援助资源的语境下，人们对汉藏翻译服务和藏汉翻译服务多元化推普、提质增效路径，在其中所能起到的铺路搭桥功能的认识存在诸多的误区，并忽略语言援助在其中的功效。

4.3.1 认识误区

新中国成立以来，推普工作取得了有目共睹的巨大成绩。也因此，有学者以此显著成效替代客观存在的语言障碍及其语言援助困境，认为"多年来，我国在充分尊重和保证少数民族生活习惯和语言文字自由的同时，通过强调和推行汉语普通话，为维护和发展中华民族进行不懈的努力，也取得了有目共睹的成绩"。具体到少数民族语言与汉语普通话的互译方面，我国在国家民委下及相关部门建立了相应的主要少数民族语言与汉语普通话的翻译机构。

同时，在少数民族自治区和少数民族较多的省份（如青海省、云南省等），在相应的行政区域，均设立了少数民族语言委员会，并由相应的机构和人员承担相应的工作（其中重点是翻译）。特别需要指出的是，在这些机构中，相应人员的藏汉和汉藏翻译是并行的，甚至是同一个人完成的。从传递的信息中可识得误区，第一，一个体系，一项政策，一套规章制度与执行的有效性及供需平衡划等号；第二，汉藏-藏汉翻译服务体系设置与与时俱进优化及汉藏-藏汉翻译服务供需平衡划等号；第三，机构设置与制度、人员配备的专业性、标准设计的可行性、人才培养模式的科学性、绩效考核的有效性划等号；第四，推广普及国家通用语言文字与国家通用语言文字全覆盖及解决语言障碍及语言援助困境划等号；第五，相应人员的藏汉和汉藏翻译是并行的，甚至是同一个人完成与汉藏翻译和藏汉翻译的专业属性差异及语言翻译服务与日益增长的需求划等号；第六，藏汉和汉藏翻译与藏汉和汉藏翻译规范性及质量划等号；第七，汉藏翻译服务与藏汉翻译服务，汉藏翻译服务或藏汉翻译服务与汉藏-藏汉翻译服务划等号。诸多认识误区，对推普的多元化路径选择的消极影响不容忽视。

4.3.2 语言翻译服务路径的客观性

地理环境决定论、木桶理论和马斯洛的需求层次理论对于汉藏-藏汉翻译服务供需的层次性特征给予合理解释。实现国家通用语言文字全覆盖，是一个解决问题、化解矛盾、摆脱困境和取得成绩的过程。在这个讲标准普通话，写规范汉字，缩小信息差的过程中，教育体系的贡献尤为显著。同时，我国民语翻译体系在满足汉藏-藏汉翻译服务需求以及推普的贡献也是巨大的。这个过程中，语言障碍及对语言援助的需求，也是不可避免地存在，这是推普路径的现实基础和专业基础所决定的，也是语言翻译服务路径的基础所决定的。为此，对推普伟大成就和显著绩效认可的同时，不能否认语言障碍、语言援助困境依然不同程度存在的客观性，汉藏-藏汉翻译服务的需求不同程度存在的客观性，语言翻译服务资源的短缺现象不同程度存在的客观性，相应体系与时俱进的优化需求不同程度存在的客观性。长期以来，青藏等地区在大幅度跨越式社会转型过程中，牧业区和半农半牧区与农耕区的公共文化服务需求不同，且原有的需求不断发生结构性演变，这一需求对公共文化服务体系提出了与时俱进的要求。这就需要因地制宜，不仅要满足共性需求，还要满足当地生产力水平不同层次的多种需求。根据该地区国家通用语言文字的短板效应与语言障碍和语言援助困境的集中程度，补齐短板解决语言障碍和摆脱语言援助困境，是该地区涉及民生、公共文化服务、行政管理和社会治理的多种需求的最广大和基础性的需求。推普与语言翻译服务因地制宜，有针对性地满足共性需求的同时也满足了当地生产力水平不同层次的多种需求，采取直接路径推普，就是满足该地区共性需求；采取语言翻译服务间接路径推普，就是满足基础性的需求。

从专业角度而言，一定历史阶段侧重汉藏翻译服务的汉藏-藏汉翻译服务体系，承担本应由汉藏和藏汉翻译服务体系发挥协同效应共同承担自上而下政令畅通为主和自下而上文化传播为主的推普路径功能，甚至一个人承担了本应由两个人或更多的专业人员分工协作承担的汉藏翻译服务和藏汉翻译服务发挥推普路径功能。汉藏-藏汉翻译服务的有限性，在一定时期内难以满足日益发展成熟的汉语言市场的需求，这由汉语言的普及程度所决定。推普主要通过教育体系完成，教育体系的功能及其分布的层级针对的是特定的对象，远不能满足文化水平低，受教育程度有限的基层语言障碍人群的汉语言能力提升的需求，况且其绩效取决于诸多因素的影响。实现国家通用语言文字全覆盖，需要依托全方位、立体式的公共文化服务体系参与其中，实现精准语言扶贫。尤其随着时代的发展，对国家通用语言文字的需求与日俱增，更多的汉语言障碍人群对语言翻译有了更深层次的需求，随着城镇化、乡村振兴的精准到户与日俱增，尤其随着互联网、物联网、大数据、云计算等科技进步，越来越多的人积极地提高国家通用语言文字能力。通过辩证唯物主义世界观、历史发展观及前进与发展的关系可知，随着历史的发展，理论在指导实践的同时，又通过实践的创新而修正理论，反过来又指导实践。在前进的道路中，需求在曲折中发展。静态的理论体系相对于动态变化的需求，两者始终在互动中相互促进。任何完美的理论体系都会在时代发展中，因为新问题的层出不穷而需要与时俱进地优化和完善，这是发展的客观要求。人类历史就是在发现问题、解决问题的过程中，不断进步发展。为此，一定程度上，依然需要优化汉藏-藏汉翻译服务体系，以汉藏-藏汉翻译服务资源满足语言援助需求，以满足拓展国家通用语言文字提质增效路径的需求。

4.4 小结

这一章节在城镇化、乡村振兴、产业转型、扶志扶智等推普、提质增效的国家主导的宏观路径背景下，着重从直接通语和间接扶语路径中，选取了间接的汉藏-藏汉翻译服务路径研究。这个路径有其体系及构成要素，每个要素都与个体有着紧密的联系，有其本土化的符号，打上了区域的烙印。这也是解决语言障碍，改变语言结构的有效路径。无论是日常生产生活的需要，还是公共危机救援的需要；无论是生计的需要，还是应急所需，这是不可或缺的摆脱尴尬的语言困境创设汉语言环境的路径。因此，研究在描述长期以来的语言翻译服务现状的同时，从其组织机构、制度、专业人才队伍、词典编纂反映被忽略的短板所在。长期以来，诸多认识误区使人们忽略补齐短板对于拓宽国家通用语言文字路径，多、快、好、省地提高汉语言能力、解决语言援助困境、解决语言障碍的积极作用。研究在与日俱增的国家通用语言文字能力提升需求的时代背景下，根据公共文化服务体系理论，国家翻译层级体系，汉藏-藏汉翻译服务供需逻辑关系，采取多元路径推广普及国家通用语言文字。其中，侧重汉藏-藏汉翻译服务的积极作用，通过充分供给语言翻译服务，发挥其为推广普及铺路搭桥的功能，以拓宽推普路径，缩小信息差，创造无障碍交流沟通的语言环境。

第5章
国家通用语言文字推广普及路径的问卷分析

根据现实基础和专业基础，使语言翻译服务具有推普的积极功能。根据自然环境封闭的程度可知藏语在青藏地区特定的空间范围内普遍使用，有广泛的群众基础和文化基础，越往西部和基层，本民族语言习得的路径依赖越固化。从日常生计背景下的语言生活状态和公共危机语境下的语言生活状态可知，越早突破路径依赖提高汉语言能力的语言障碍人群，能越早跨越语言障碍，受益于国家通用语言文字的运用。相对而言，这部分最先掌握汉语言的人群或置身于汉语言的环境，或身处汉语言的氛围，或具有学习汉语言的机会，因此在国家通用语言文字推广普及直接路径实践中，掌握了生产生活，甚至公共危机救援中运用汉语言的能力，而更多的基层语言障碍人群，分布在需求层次理论所划分的不同的需求区间，由于距离汉语言环境和市场远近的不同以及语言障碍程度的差异，决定了汉语言需求的结构性差异。尤其对于没有文化基础的语言障碍人群而言，只有在离开了封闭的自然环境和语言环境，陷入语言困境的时候，才会对汉语言有强烈的需求，而此时，他们选择摆脱语言困境的方法是求助于语言援助，也就是找到既会汉语言，又会藏语言的语言援助者提供汉藏-藏汉翻译服务。特别是在各人医院就医的藏语言人群，这种需求一览无遗。也因此现实需求所提供的汉语言环境或氛围，及其对推普的经济有积极的功能，研究侧重于从语言翻译服务体系架构现状和短板的路径基础以及语言翻译服务路径的认识误区，着重探究推普的汉藏-藏汉翻译服务路径。研究基于汉藏和藏汉翻译服务体系资源共享的价值理念，从影响因素分析语言服务体系指标，以问卷调查为优化语言翻译服务体系提供依据。

5.1　语言翻译服务指标体系优化的基础

长期以来，公共文化服务体系的建设依然存在诸多共性问题、困境和矛盾。诸如组织机构不完善，运行机制不畅，运行成本过高，运行效率较低，专业人才短缺，政策制度滞后，基础设施薄弱；以需求为导向的公共文化服务体系欠缺，公共文化服务内容贫乏、数量有限、供需脱节、结构失衡等。

语言翻译服务体系亦是如此，因此完善语言翻译服务体系，既要满足解决诸多共性问题、困境和矛盾的需要，又要满足解决汉藏和藏汉翻译服务个性问题、困境和矛盾的需要，也因此，既要考虑公共文化服务体系、农村公共文化服务体系、新型城镇化背景下的农村公共文化服务体系、基本公共文化服务体系等共性指标（见表5-1），也要考虑个性指标。在机构设置、制度设计、人才培养模式、工具书编纂、满意度评价等共性指标的基础上，赋予区域空间语言翻译服务内涵的需求属性。从补缺藏汉翻译服务机构及其制度设计和专业人才培养模式与工具书编纂、满意度评价等指标，优化语言翻译服务体系。这是该地区公共文化服务体系对语言生活状态的具体体现，契合了政策依据、理论依据以及文化现象。

表5-1 语言翻译服务体系的共性指标

类别 因素	公共文化服务体系	农村公共文化服务体系	新型城镇化背景下的农村公共文化服务体系	基本公共文化服务体系	汉藏-藏汉翻译服务体系
1	制度基础	——	制度建设	制度基础	制度基础
2	基础设施	服务设施		物质保障	基础设施
3	机构人才	服务机构	组织领导	机构和人才	服务机构
4	队伍建设	队伍建设	队伍建设	——	专业队伍建设
5	活动主体	——	——		活动主体
6	服务方式				服务方式
7	服务经费		多元化投入	经费投入	政府投入
8	——	文化单位数量		主体	全覆盖
9	——	文化单位布局			全覆盖

5.1.1 语言翻译服务机构设置指标优化

根据公共文化服务体系的概念，可知语言翻译服务体系涵盖的指标包括组织机构。组织机构，是指从事文化管理和服务的各级政府和文化事业单位。政府主导的公共文化服务模式，是政府设置的文化行政部门机构，通过官僚科层强制行政手段，发挥管理公共文化事业发展主导作用，直接管理国家公共文化事业，公共文化服务工作和农村公共文化服务事业，主导农村公共文化服务供给。其中，地方文化行政机构，有较多管理文化事务的权力和责任。

主要负责为地方居民精神文化生活服务，推行地方特色文化政策和计划，扶持地方特色文化。基层综合性公共文化服务机构，如地方图书馆，融休闲、娱乐、学习和交流为一体，能够为社区提供基层多样化的公共文化服务。语言翻译服务体系短板直接表现为语言翻译服务力量不足，通过藏汉翻译服务机构补缺，优化汉藏-藏汉翻译服务体系，为国家通用语言文字提质增效储备充足的汉藏翻译服务资源有效的组织基础。

第一，发展规划与时俱进优化。发展规划是组织机构具有凝聚力，各部门、单位、个体具有明确目标的保证。从语言翻译服务发展规划优化而言，无论是汉藏翻译服务的发展规划，还是藏汉翻译服务的发展规划，实质上是从语言翻译服务为推普提供有效路径，发挥"1+1>2"的协同效应，缩小语言障碍造成的信息差的发展规划。优化发展规划，是语言翻译服务体系优化的要求，更是语言扶贫的要求。无论是日常生计背景下的语言援助困境，还是公共危机救援语境下的语言援助困境，或是专业领域的翻译服务困境，语言翻译服务的短板现象，既表现为自上而下的汉藏翻译服务的有限性，更表现为基层生产生活中藏汉翻译服务的短缺，这决定了发展规划与时俱进优化的要求。

第二，制度规章与时俱进优化。语言翻译服务机构体系与时俱进优化决定了制度规章与时俱进的优化要求，这是汉藏和藏汉翻译服务解决语言援助困境，拓宽推普路径发展规划与时俱进优化的现实要求。制度规章有广义和狭义之分，取决于空间范围和职能性质，取决于机构设置与时俱进优化的要求。从广义的角度而言，语言翻译机构运行的有效性和可持续性，在于具有有效的、可持续性的内部控制制度保证，以及契合业务需求的标准和依据，这是语言翻译服务机构体系每个组成要素内在模块的政策法规制度规章的总和。从狭义的角度来说，首先是内部控制制度的有效性，包括制度设置的有效性和制度执行的有效性及制度维护的有效性。这取决于制度与机构性质的符合程度，与战略目标、发展规划、计划实施的符合程度；与业务性质及内部业务流程、程序和步骤要求的符合程度；与专业分工要求，责权利合理划分要求的符合程度；其次是语言翻译服务高质量需求的标准和依据。语言翻译涉及汉藏和藏汉语言翻译，两者从专业角度而言具有很大的差异性，为此，语言翻译服务从国家通用语言文字提质增效精准路径提出了术语规范化、标准化、信息化的要求，这也是汉藏和藏汉翻译服务路径发挥协同效应多、快、好、省地推普的要求。为此，需要遵循自身的原则，遵循程序、选择方法，以缩小类似的信息差。设计原则，以遵循规律，尊重文化差异，实现语言翻译服务标准化、均衡化；遵循程序，以设计科学、步骤有序、运行有效的程序，实践成本效益原则，提高语言翻译服务质量和水平；匹配方法，以正确、恰当、适合的语言翻译服务方法，高效提供语言翻译，解决语言障碍，这是汉语言提质增效的要求。

第三，管理人员、专业人员队伍与时俱进的意识优化。语言翻译机构配备的管理人员的规划能力、组织和管理及协调能力、资源分配能力是其应具备的共性能力要求，特定职能要求的管理能力是具有特定特征的专业服务管理能力要求，是语言翻译专业领域服务社会的能力要求。这一能力要求内含着超越语言翻译专业认知的推广普及汉语言路径功能的公共文化服务意识，具备实现国家通用语言文字全覆盖的汉藏-藏汉翻译服务资源优化配置的意识，这是西部新一轮大开发、城镇化、乡村振兴实现共同富裕对国家通用语言文字提质增效路径的时代要求。这一意识与时俱进而丰富，既能提供共性的管理能力实现有效的内部控制，为语言翻译服务创造良性运行的内部环境，又能提供区域专业特色的管理能力实现公共文化服务体系下最大化区域性、基础性汉藏翻译服务的汉语言传播的路径功效的同时，提高藏汉翻译服务的汉语言传播的路径功效。以此发挥语言翻译的协同效应，以多元化路径实现系统性通语、扶语绩效目标；专业队伍是资源优化配置的表现，应该具备能够发挥汉藏-藏汉翻译服务协同效应的能力，除了具有侧重汉藏或藏汉语言能力以外，还需要具备汉藏-藏汉语言转换的文化认知能力。专业人员应该符合岗位设置要求，职责分工明确、权限分明、权责利统一、配比并有效控制。不仅仅有汉藏翻译或藏汉翻译的专业水平，应该有不同文化语境的汉藏和藏汉翻译专业差异及服务需求差异的认知，还应该在汉语言推广普及中发挥不同功效的差异认知，应该超越专业翻译职能的与时俱进的国家通用语言文字提质增效路径的宏观意识。

综上所述，机构设置包含发展规划、制度、领导、职员、岗位、权责利关键要素。通过机构设置影响因素的分门别类，划分隶属关系，统一组织引导，制定内部控制制度，培养专业人才，制定规范的标准，建立反馈机制，以满意度评价引导基层藏汉翻译服务满足语言援助需求，拓宽国家通用语言文字推广普及路径。

5.1.2 语言翻译服务人才培养指标与时俱进优化

加强重大公共文化工程和文化项目的建设力度，提升服务效能，人力资源的多寡对公共文化服务的质量和水平有着直接的影响，反过来，对专业人才配比，及专业人才培养、专业人才队伍建设提出了相应的要求。满足这一要求，培养高素质公共文化服务专业人才，合适的培养模式至关重要。语言翻译服务体系涵盖汉藏和藏汉翻译服务专业人才队伍，长期以来，语言翻译服务专业人才队伍，无论是数量还是质量都不足以满足国家通用语言文字提质增效的需求。具体表现为人才队伍总量偏少，结构与现实需求存在差异，认识局限，意识固化等问题。为此，语言翻译服务本科、硕士、博士专业人才培养模式的要求，既能满足国家通用语言文字"全覆盖"的需求，又能满足缩小信息差的需求，为满足公共文化服务体系"标准化""均等化"创造语言条件。第一，以教育体系和公共文化服务体系最大化协同效应，分别从集中和分散的多层次多种类型的培养模式，满足不同语言翻译服务专业人才需求。通过学士学位专业人才侧重语言翻译应用能力、相关专业知识和相应人文素养培养，尤其满足基层社会不同层面语言障碍人群的汉藏-藏汉翻译服务需求；第二，以教育体系和公共文化服务体系最大化协同效应，分别从集中和分散的多层次多种类型的培养模式，满足不同层面语言翻译技术、能力、研究方法和相关专业知识以及相应人文素养的硕士学位专业人才需求，满足中外翻译学基本理论的需求，尤其满足不同层面的语言障碍人群相应的汉藏-藏汉翻译服务需求；第三，以教育体系和公共文化服务体系最大化协同效应，分别从集中和分散的多层次多种类型的培养模式，满足不同层面语言翻译服务博士学位专业人才需求。通过语言翻译理论研究能力、中外翻译学前沿理论、语言翻译教学理论研究，尤其满足相应的语言障碍人群的汉藏-藏汉翻译服务需求。

5.1.3 语言翻译服务工具书编纂与时俱进优化

语言翻译服务因为缺乏标准和依据而影响其质量和水平，影响国家通用语言文字推广普及路径绩效最大化。通过工具书编纂提供标准，依然是改变这一现状的有效途径，有专家呼吁尽早编纂一部大型的《格萨尔学词典》，作为藏汉翻译服务有权威的依据和标准，保证史诗传播传承的质量和水平。为了规范地名的语言翻译服务，有研究提出藏语地名汉译用字规范统一的七条建议。《藏汉翻译教程》（贺文宣，1995）《藏汉互译教程》（周季文、傅同和，1999）介绍了藏汉翻译的理论与实践，提出了真知灼见。《〈关于汉藏对照词典〉部分藏药词条的商榷》（俄仓巴·卓玛东珠，2007）的《汉藏对照词典》(2006)认为藏药术语翻译准确性,直接关系到临床疗效,必须加以规范。应该从汉藏-藏汉辞书、藏汉或汉藏辞书以及电子词典和参考资料等多方面编纂语言翻译服务工具书,为规范语言翻译服务提供标准和依据。

5.1.4 语言翻译服务评价指标优化

公共文化服务通过提高公众参与程度,最大限度地满足其基本文化需求,不仅能提高其文化自信,而且能够获得认同,赢得满意的评价。公共文化服务体系是公共文化服务的载体,既为满足人民群众的需求,也为激发"人人参与文化,人人享受文化"的氛围提供载体。

语言翻译服务的目的是为语言障碍人群在本民族语言和汉语言之间搭起桥梁,以此为媒介跨越语言障碍,缩小信息差。其中,语言障碍人群的受益程度影响其对语言翻译服务的满意度,影响其对语言翻译服务体系完善程度的评价结果,影响其对汉语言的认知,影响其对国家通用语言文字推广普及的参与程度。语言翻译服务体系作为其中的组成部分,主要为这个区域语言障碍人群提供语言翻译服务的载体,这为语言翻译服务体系优化以满足语言障碍人群汉藏-藏汉翻译服务需求,激发人人参与推普,提高国家通用语言文字能力及语言自信而最大限度伸展其筋骨,输送其力量,解决语言障碍提供了前提条件。

因此,对语言翻译服务体系的有效性评价,受各方满意度影响。对相应的政策满意度评价受语言翻译服务公益性、全覆盖、均等化、标准化、基础性保障等主要因素的影响;对相应的政府职能满意度评价,主要考察语言翻译服务对国家通用语言文字推广普及的路径效能,受为人民服务理念、保证公众享受公共文化权利、程序便利化、服务种类多样化、成本效益性等因素影响;对语言翻译服务受益度评价,受语言翻译服务受益半径、语言翻译服务水平、语言翻译服务能力等因素影响。

5.2 语言翻译服务指标体系优化

汉藏-藏汉翻译服务的公益性,决定了相应服务体系是各种公益性文化机构和服务总和的属性,这就决定了语言翻译服务的政府主导责任,不仅要推广普及国家通用语言文字解决语言障碍,而且要普及文化知识、传播先进文化,满足人民群众日益增长的文化需求,保障其文化权益。语言翻译服务体系既是供给语言翻译服务的重要载体,也是提供语言翻译服务的框架结构,还是衡量质量高低的工具。与时俱进的语言翻译服务体系，一方面具有拓展国家通用语言文字推广普及社会效益最大化和服务最优化为目的的路径功能；另一方面具有多、快、好、省地满足汉藏-藏汉翻译服务需求，从满足汉藏和藏汉翻译服务两个方面的需求提高国家通用语言文字学习效能，解决语言障碍和突破语言援助困境的功能。其指标体系，是实现高质量满足语言翻译服务需求的具有逻辑关系的指标集合。指标选取，指标体系的组合，需要遵循相应的原则，避免主观随意的现象，满足客观的规范的要求。根据现有的语言翻译服务体系与时俱进的要求，需要从组织机构、语言翻译服务制度、专业人才培养模式、编纂工具书和效能评价等方面优化汉藏-藏汉翻译服务体系，以发挥汉藏-藏汉翻译服务国家通用语言文字提质增效路径的协同效应，为多、快、好、省地实现国家通用语言文字全覆盖创造路径条件。

5.2.1 指标体系遵循的原则

5.2.1.1 目标导向原则

语言翻译服务体系有其预期目标，在实践预期目标的过程中，不仅需要遵循成本效益原则，而且要在比较中随着反馈信息而不断调整和完善，并随着时代进步而不断与时俱进优化，以弥补差距。仅就青藏地区语言生活状态而言，语言翻译服务体系主要是汉藏-藏汉翻译服务体系，严格地讲，不仅包括自成体系的汉藏翻译服务体系，也包括藏汉翻译服务体系。各体系各有预设的目标，总体目标的实现程度，取决于各子体系目标的实现程度。同时，各子体系目标的实现服从总体设计的预期目标，并各自按照预期目标，遵循各自的规律运行，在获取最大目标收益中与时俱进。当两者协同，则有利于在国家通用语言文字推广普及中发挥"1+1>2"的路径效应。

根据协同效应的增效作用，该理论强调系统内部、各子系统、各功能模块之间开放的环境、相似的地位、不可替代的作用、共享的资源，相互依存、协作、关联运动，产生超越各子体系单独运用的功能总和的目标。选取目标导向原则，实现推普以解决语言障碍和语言援助困境的预期目标，汉藏翻译服务体系+藏汉翻译服务体系的功效>汉藏翻译服务体系的功效或藏汉翻译服务体系的功效。仅就国家通用语言文字推广普及、提质增效路径而言，"1+1>2"的增效特征决定了藏汉翻译服务体系对于优化语言翻译服务体系的补缺需求，也为汉藏-藏汉翻译服务体系遵循目标导向原则，发挥"1+1>2"协同效应，拓宽解决语言援助困境路径及国家通用语言文字推广普及路径，解决语言障碍，实现预期目标提供了理论依据。

5.2.1.2 系统科学性原则

汉藏-藏汉翻译服务体系所遵循的系统性原则，也可被称为整体性原则，在于协调汉藏翻译服务体系和藏汉翻译服务体系之间和子体系内部以及子体系与整个体系的目标关系，以达到语言翻译服务体系的系统完整性和平衡性要求，强调以整体目标的优化为前提条件。长期以来，忽略了各个系统内部的联系及结构差异。根据系统性原则，将汉藏-藏汉翻译服务体系视为一个整体的系统建设，注重各个子体系之间的联系，将指标选取置于整体效能、目标优化的前提下平衡。同时，遵循科学性原则。其实质在于，第一选取的指标揭示特定语境客观真实的语言生活状况。为此，应该因地制宜体现语言环境的特点，体现与汉藏和藏汉翻译服务体系的相关性要求，充分反映特定服务真实的供需关系；第二采用的指标具有理论依据，即其间具有真实的逻辑关系。汉藏-藏汉翻译服务指标确定，简单明了，兼顾国内外相关指标之间的可比性；指标的设计应该保持适度性，具有可操作性，这是系统科学性原则的具体表现。其关键要点：首先是考虑指标是否可行。指标是质与量的统一，注意搭配好主观指标和客观指标的比例关系；其次要考虑指标的可靠性。数据的真实性和可靠性，是监测的前提条件和重要保障。系统科学性原则，有利于体系效用的最大化、最优化。

5.2.1.3 以人为本原则

以人为本是公共文化服务体系建设应坚持的基本价值理念，实现人民群众的文化权益，开展多方面富有成就的工作，是政府公共文化服务的目标和任务。以人为本在青藏地区最直接的践行方式，就是以汉藏-藏汉翻译服务路径，多、快、好、省地推普为改变语言障碍和语言援助困境的语言生活现状创造语言环境，为语言障碍人群的全面发展提供自信交际的汉语言条件，使其能够在和谐的语言环境中高质量生存和可持续性发展。这是汉藏-藏汉翻译文化服务体系优化的出发点和归宿，是汉藏-藏汉翻译服务指标确定的根本目的和衡量标准。

5.2.1.4 动态的区域性特色原则

动态区域性特色原则（或地方特色原则），包括区域性特色原则和分层动态原则。我国经济社会发展不平衡，地方历史文化传统具有差异，东部地区与中、西部地区农村公共文化服务的现有供给能力和水平有较大差距。即使在一个省域内，农民的公共文化服务需求也存在区域的差异，指标需要体现这一特征。在诸多指标中，把联系密切的指标归为一类，构成指标群，因地制宜，形成不同的指标层，有利于全面清晰地反映研究对象。作为一个非均质经济体，由于发展阶段、产业基础以及资源禀赋等结构性差异，各区域在公共文化服务面临的问题与约束条件各不相同，有着不同的政策需求。要实现公共文化服务的均等化，应该兼顾社会各个层面、各个地区的人群，尤其是特殊人群和农牧区偏远地区的人群，满足特殊地区、特殊群体的公共文化服务体系建设是必不可少的部分。我们在讨论公共文化服务时，往往关注宏观层面的政策设计，忽略了各区域的动态的需求层次及结构差异性。以青藏地区语言生活状态为基础可知，汉藏-藏汉翻译服务是解决语言援助困境，推普的重要途径，这是该区域消除信息差的特色路径，与民生跨越式发展以及社会稳定和民族融合有着密切关系。为此，需要选取尽可能准确反映特定区域的综合特征的具有代表性的特色指标，而且要在静态指标的基础上突出动态的趋势指标，以衡量同一指标在不同时段的变动情况和较长时段的实际意义。具体到汉藏-藏汉翻译服务体系，以该地区共性的特色指标为导向，在特定的历史阶段，在国家财力保障的前提下，选取机构设置、制度设计、专业人才培养模式、工具书编纂、满意度评价指标，优化汉藏-藏汉翻译服务体系。

5.2.2 指标体系设置的方法

根据语言生活状况，汉藏-藏汉翻译服务体系与时俱进的要求及语言翻译服务在语言援助困境和解决语言障碍的积极作用及推普的路径功能，根据汉藏-藏汉翻译服务自身特征和供需矛盾，在遵循原则和假设汉藏翻译服务体系完善的基础上，按照一定的流程和方法，以藏汉翻译服务指标体系优化汉藏-藏汉翻译服务体系。

5.2.2.1 指标体系设置的思路

根据科学性要求，第一提出假设；第二采集信息；第三采取合适的方法进行数据分析；第四验证假设，得出结论（如图5-1所示）。

5.2.2.2 指标体系设置的方法

基于汉藏-藏汉翻译服务体系优化思路，研究遵循指标确定的原则，按照

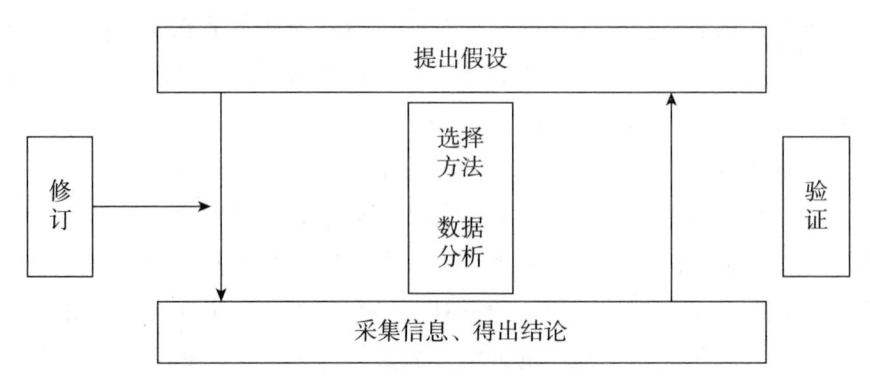

图 5-1　汉藏-藏汉翻译服务体系优化思路

一定的流程，采取适当的方法，筛选指标、优化结构。以藏汉翻译服务指标体系，优化汉藏-藏汉翻译服务体系（如图5-2所示）。

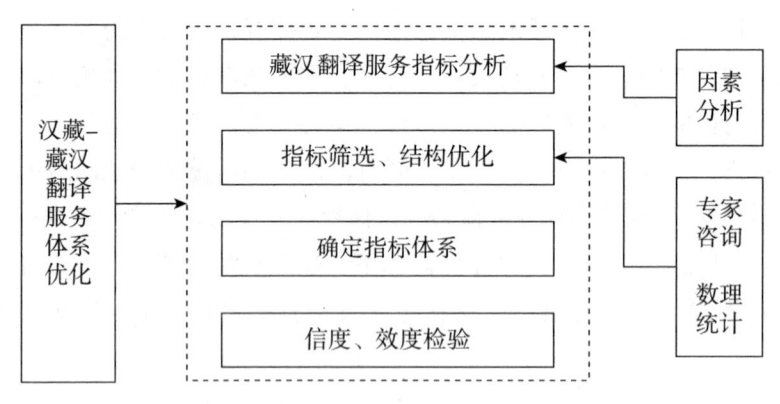

图 5-2　优化汉藏-藏汉翻译服务体系流程

5.2.3　语言翻译服务指标体系

我国公共文化服务存在组织机构不健全、专业人才匮乏、制度不完善、管理体制不顺畅、管理难度大；以需求为导向的公共文化服务体系尚未得到建立、基本文化需求得不到很好的回应、供给运行机制不畅、供给有限而效率低、供给内容单一、供需脱节结构失衡；运行成本高等基础保障设施薄弱的问题。汉藏-藏汉翻译服务也不例外。为了解决这些共性问题和汉藏-藏汉翻译公共文化服务供需矛盾突出的个性问题，弥补汉藏-藏汉翻译服务供需缺口，补齐汉语言短板，需要优化汉藏-藏汉翻译公共文化服务体系，完善制度设计，丰富服务内容，创新方式路径，精准对接语言翻译服务；以满意度评价为导向，提升基层社会国家通用语言文字能力。研究根据国家语委相关政策文件要求，依托公共文化服务体系、基本公共文化服务体系、农村公共文化服务体系、新型城镇化背景下的农村公共文化服务体系的构成要素，基于侧重汉藏翻译服务的汉藏-藏汉翻译服务体系及其构成要素，借鉴政策和理论依据，结合调研，通过专家咨询，从机构设置、制度设计、专业人才培养模式、工具书编纂和服务评价维度确定藏汉翻译服务体系，优化汉藏-藏汉翻译服务体系。

由于汉藏-藏汉翻译服务供给主要依托于组织机构，按照国家行政体系从国家民族语文翻译中心（局），省（自治区）民族语言翻译局，州（市）民族语言翻译局，市（县）民族语言翻译局各层级，民族语言翻译服务科室，构成藏汉翻译机构有效运行框架。藏汉翻译机构自成体系，组织机构又可以划分为发展规划、制度设置、领导能力、职员配备、岗位分工、权责利配比六个维度。藏汉翻译服务机构要素的合理配置是有效运行的内容支撑，通过藏汉翻译服务机构设置，优化汉藏-藏汉翻译服务组织机构，改变我国几乎无藏汉翻译服务组织机构的状态（如图5-3所示）。

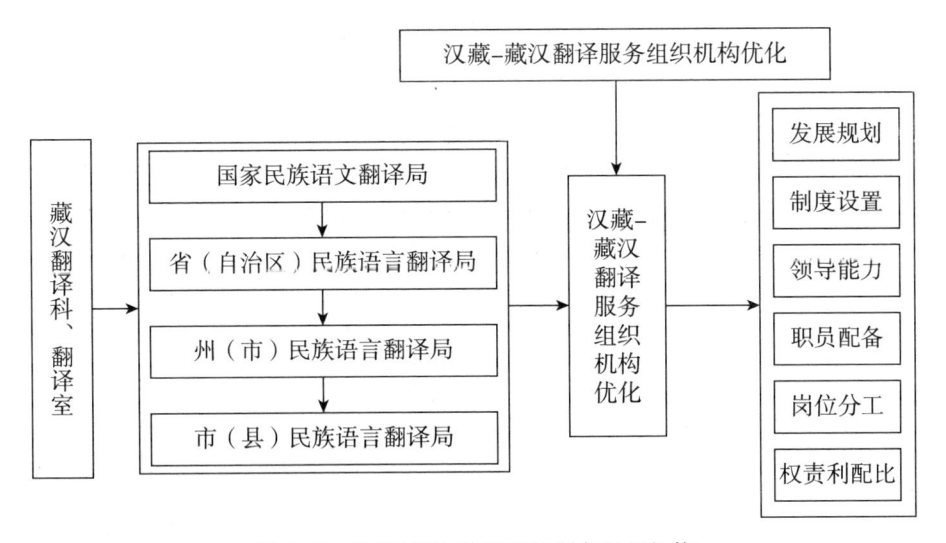

图5-3 优化汉藏-藏汉翻译服务组织机构

为确保组织机构正常运行，需要设置藏汉翻译服务制度，优化汉藏-藏汉翻译服务制度，形成共同遵守的规程或行动准则。藏汉翻译服务供给，需要以制度遵循自身的规律。该制度包括原则、程序和方法等要素，每一要素有其内涵，并自成体系。制度设计，从国家到地方均以基本的译规规范藏汉翻译服务，从而使藏汉翻译服务在优化的汉藏-藏汉翻译服务规章制度框架下有效运行（如图5-4所示）。

专业人才是组织机构高效运行，制度有效执行的保证。从学士学位、专业硕士学位和学术硕士学位及博士学位设计各层次汉藏-藏汉翻译服务人才培养模式以优化汉藏-藏汉翻译服务专业人才培养模式，各层级专业人才培养模式有其自身的要求，每个模式分别包括基本的要素和分属每个层次人才培养要素。这是教育体系推广普及国家通用语言文字的人才保证，也是拓展推普路径的人才保证（如图5-5所示）。

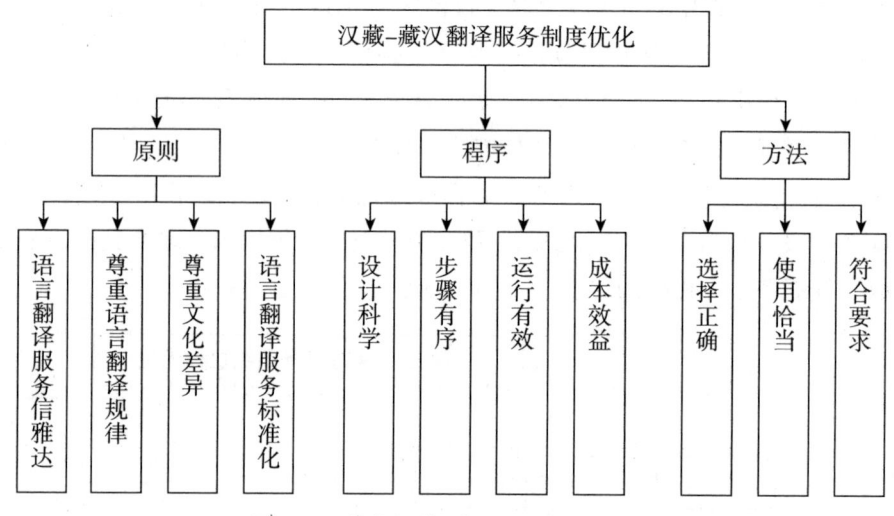

图5-4 优化汉藏-藏汉翻译服务制度

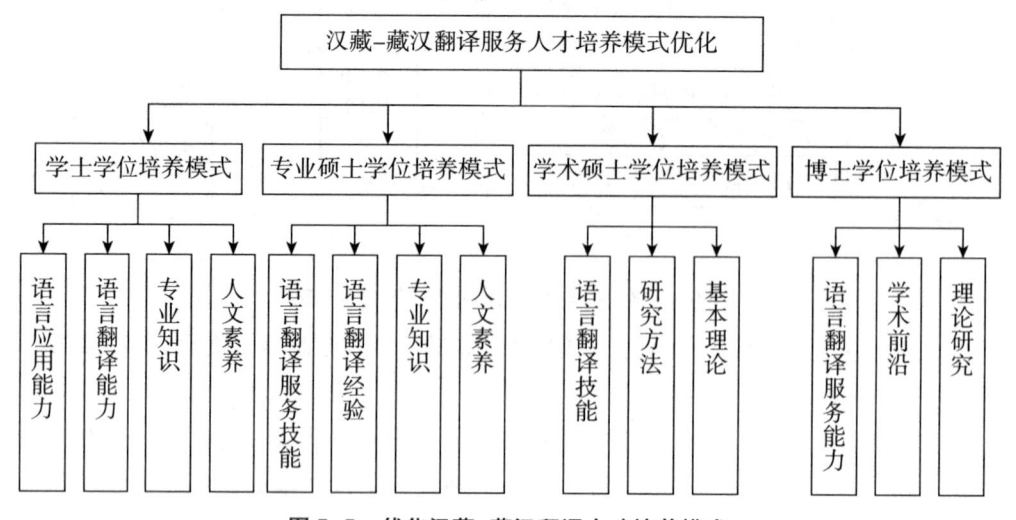

图5-5 优化汉藏-藏汉翻译人才培养模式

汉藏-藏汉翻译服务与其他公共文化服务不同，提供高质量的汉藏-藏汉翻译服务需要有标准可依，辞书是有效的参考工具。优化汉藏-藏汉翻译服务辞书编纂，从双语词典、单语词典、电子词典和参考资料等维度为汉藏和藏汉翻译服务路径推普，提供了权威的参考标准依据（如图5-6所示）。

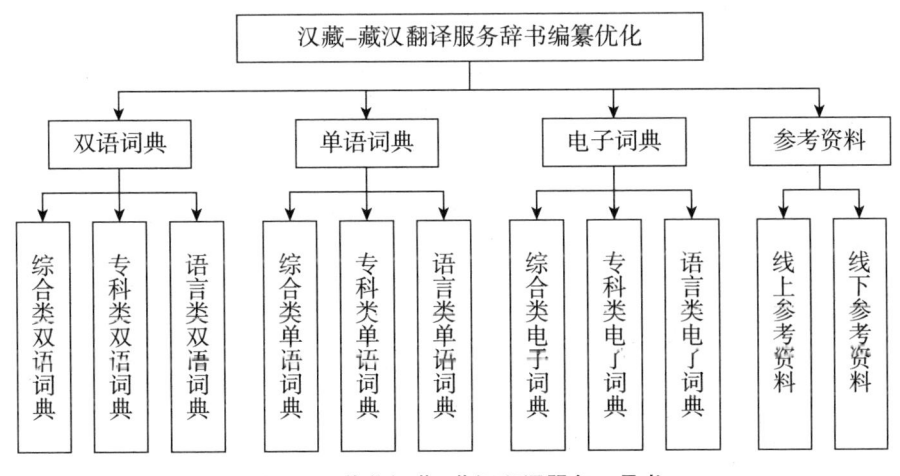

图5-6 优化汉藏-藏汉翻译服务工具书

汉藏-藏汉翻译服务体系优化在于满足语言障碍人群与时俱进的语言援助需求，以此扶语、通语的路径，解决其语言障碍问题，满足其在可持续性精准脱贫中对国家通用语言文字的需求。实现汉藏-藏汉翻译服务供需平衡的有效性通过满意度评价可窥见一斑，这个满意度评价主要包括政策满意度评价、政府职能满意度评价和受益度评价。为此，研究主要以政府为主体的汉藏-藏汉翻译服务供给和基层社会，尤其是语言障碍人群对汉藏-藏汉翻译服务的需求视角，评价汉藏和藏汉翻译服务在解决语言援助困境实现信息对称的效能；评价汉藏和藏汉翻译服务路径在推广普及国家通用语言文字以解决区域性语言障碍的效能。通过所提供的汉藏和藏汉翻译服务为公共文化服务体系公益性、全覆盖、均等化、标准化奠定的语言基础，判断其有效性。其中，从为人民服务的理念，人民享有公共文化权利的程度，强调程序便利性、需求多样性的评价指标，强调成本效益原则，强调公众受益度，从受益半径，汉语言水平和汉语言能力满足语言障碍人群进入市场，提高就业能力对国家通用语言文字需求指标评价其效能（如图5-7所示）。由此可知，政策满意度有公益性、全覆盖、均等化、标准化、基础性保障等指标，政府职能满意度有为人民服务理念、享受公共文化权利、程序便利、服务种类、成本效益性等指标，语言障碍人群满意度有受益半径、语言水平、语言能力、就业能力提升等指标。而且语言障碍人群以其自身获得的满意程度，对汉藏-藏汉翻译服务体系整体效能作出评价。这也是公共文化服务体系、基本公共文化服务体系、农村公共文化服务体系和新型城镇化背景下的农村公共文化服务体系及其所提供服务的效能评价的基础。

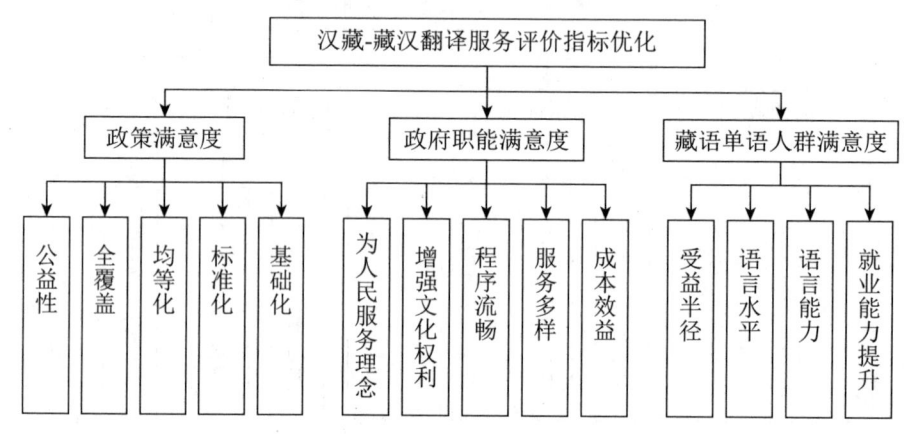

图 5-7 优化汉藏-藏汉翻译服务评价指标

综上所述，藏汉翻译服务从五个维度选取指标确定指标层次与级别，由维度层次的横向关系和维度级别的纵向关系构成的框架结构优化汉藏-藏汉翻译服务体系，以形成稳定的体系，这是提供汉藏-藏汉翻译服务的载体。藏汉翻译服务体系的有效运行，取决于指标的确定及其关系的优化组合（如表5-2所示）。这一框架结构将和汉藏翻译服务体系共同形成汉藏-藏汉翻译服务体系，为该地区提供汉藏翻译服务和藏汉翻译服务搭建了框架。

表 5-2 语言翻译服务体系优化

一级	二级	三级
A1 组织机构	B1 发展规划	C1 文化交流目标
		C2 信息对称
		C3 社会稳定、民族融合

第 5 章　国家通用语言文字推广普及路径的问卷分析

续表

一级	二级	三级
A1 组织机构	B1 发展规划	C4 契合度①
		C5 供需平衡
		C6 补齐短板②
		C7 服务功能③
	B2 制度	C8 科学性
		C9 可持续性
		C10 可操作性
		C11 区域特色
	B3 领导	C12 规划能力
		C13 组织协调能力
		C14 资源分配能力
		C15 语言应用能力④
		C16 语言翻译文化融合能力⑤
	B4 职员	C17 语言翻译能力
		C18 语言翻译服务能力
		C19 语言翻译结构性差异识别能力
		C20 职业道德
		C21 博识能力
	B5 岗位	C22 时效性
		C23 效率性
		C24 优化性
		C25 系统性

---

　①　契合度即汉藏-藏汉翻译服务体系与汉藏-藏汉翻译服务的供需契合，汉藏和藏汉翻译服务路径与国家通用语言文字推广普及、提质增效契合，国家通用语言文字推广普及与时俱进多元化路径契合。
　②　补齐短板即以藏汉翻译服务体系优化汉藏-藏汉翻译服务体系，以汉藏-藏汉翻译服务路径补齐国家通用语言文字短板。
　③　汉藏和藏汉翻译服务功能，汉藏和藏汉翻译服务国家通用语言文字推广普及路径功能。
　④　语言应用能力主要指汉语言和藏语言的应用能力。
　⑤　语言翻译文化融合能力主要指汉藏-藏汉翻译的文化融合能力。

续表

一级	二级	三级
A1 组织机构	B6 权责利	C26 分工明确
		C27 权限分明
		C28 权责利统一
		C29 有效控制
A2 制度	B7 原则	C30 语言翻译服务信雅达
		C31 尊重语言翻译规律
		C32 尊重文化差异
		C33 语言翻译服务标准化
	B8 程序	C34 设计科学
		C35 步骤有序
		C36 运行有效
		C37 成本效益
	B9 方法	C38 选择正确
		C39 使用恰当
		C40 符合要求
A3 人才培养	B10 学士学位培养模式	C41 语言应用能力
		C42 语言翻译能力
		C43 专业知识
		C44 人文素养
	B11 专业硕士学位培养模式	C45 语言翻译技能
		C46 语言翻译服务经验
		C47 专业知识
		C48 人文素养
	B12 学术硕士学位培养模式	C49 语言翻译技能
		C50 研究方法
		C51 基本理论

续表

一级	二级	三级
A3 人才培养	B13 博士学位培养模式	C52 语言翻译服务能力
		C53 学术前沿
		C54 理论研究
A4 辞书编纂	B14 双语词典	C55 综合类双语词典
		C56 专科类双语词典
		C57 语言类双语词典
	B15 单语词典	C58 综合类单语词典
		C59 专科类单语词典
		C60 语言类单语词典
	B16 电子词典	C61 综合类电子词典
		C62 专科类电子词典
		C63 语言类电子词典
	B17 参考资料	C64 线上参考资料
		C65 线下参考资料
A5 效能评价	B18 政策满意度	C66 公益性
		C67 全覆盖
		C68 均等化
		C69 标准化
		C70 基础化
	B19 政府职能满意度	C71 为人民服务理念
		C72 增强文化权利
		C73 程序流畅
		C74 服务多样
		C75 成本效益

续表

一级	二级	三级
A5 效能评价	B20 受益度	C76 受益半径①
		C77 语言水平
		C78 语言能力
		C79 就业能力提升②

5.3 检验

5.3.1 问卷调查

5.3.1.1 问卷设计原则

问卷调查的研究方法，是由书面和邮箱、微信、QQ等网络载体的线下、线上的形式，向调查对象采集数据，以形成有效的信息。调查问卷的设计，遵循了单一性原则、清晰性原则、中立性原则、间接性原则。根据语言生活状况及短板，分析影响因素，试图发挥协同效应，补齐短板，在理论分析的基础上，以筛选指标。

5.3.1.2 问卷的基本结构

研究主要从问卷调研的视角，优化语言翻译服务指标体系，解决语言援助困境，以拓宽国家通用语言文字推广普及路径，解决语言障碍。为此，问卷需要获取有效信息，以反映汉藏和藏汉翻译服务是否能满足国家通用语言文字提质增效路径预期目标实现的需求。据此，设计问卷。第一，选题的设计，问卷题头为"汉藏-藏汉翻译服务体系优化调查问卷"，表述调查的目的和内容；第二，调查问卷导语，坦诚调查目的、承诺和填写问卷要求、致谢；第三，问卷在借鉴的基础上，修改形成特色问题，满足研究需要，涉及五个维度29个题项。

5.3.1.3 样本分布与数据来源

鉴于极端自然环境的基层社会的语言生活现状，语言障碍和汉藏-藏汉翻

---

① 受益半径即汉藏-藏汉翻译服务覆盖区域的广度、深度，国家通用语言文字全覆盖的广度、深度，享受公共文化服务的广度、深度。

② 就业能力即因汉藏-藏汉翻译服务路径增强国家通用语言文字能力，增强就业竞争能力，增强职业能力，岗位执业能力，增强承担家庭责任和增加家庭收入的能力。

译语言援助困境，考虑到基层社区问卷填写的难度极大，基于每一份问卷的填写都需要大量的汉藏-藏汉翻译服务，每个样本自身完成填写的难度及问卷反映个人意愿的可能性及有效性，研究主要选取国家通用语言文字的受益者为对象，进行数据采集。初步调研对象涉及青海六州地区高级中学教职工208名，其中：男116名，女92名。25名汉族，166名藏族，8名回族，7名土族，1名撒拉族，1名保安族；涉及多个领域，多个学科。高级教师49名，一级教师64名，二级教师47名，中级教师24名，其他24名；学历而言就其中一个民族高级中学为例，66%是本科，13%是研究生。通过反馈对问卷进行调整，调查对象涉及高等教学单位41名知识分子。其中，藏族37人，汉族4人；教授17人，副教授8名，讲师3名，中级职称3名，助教1名，其他9名；包括21名博士，17名硕士，3名本科；涉及藏学、民族学、藏族历史、宗教学、中国少数民族语言文学、汉藏翻译、逻辑学、管理学等多学科。除此之外，采取了线上调研。研究设计了29个项目的调查问卷，通过问卷星收发问卷1714份。为了避免语言障碍导致的问卷调研的误差，调研同样主要在本民族语言为藏语言者，且是国家通用语言文字推广普及的受益者范围内进行，以获得第一手信息。基于此，研究以统计分析，验证研究的认知是这个特定范围内的共识，并以描述性统计分析，信度效度检验，量表的现状分析，差异分析和相关性分析，得出结论。

5.3.2 描述性统计分析

描述性统计分析，主要以样本数据对总体参数进行推断。在问卷分析中有非常重要的地位，是提供正确、可靠依据的关键环节。为样本分布结构合理性，判断结果是否能泛化，提供了可靠的依据，也为增强统计结论的可信度提供了支持。需要特别说明的是，将问卷中的人口统计学变量录入SPSS21.0，获得频率信息。由导出结果可见，性别结构比较符合受教育者的性别分布态势；如果按照年龄分层，相对而言年龄分布可能存在不均衡现象，主要集中在年轻人这个层面（如表5-3所示）。但是，有其合理性，既体现了该地区国家通用语言文字推广普及的特征，也反映了大多数讲标准普通话，写规范汉字的人群主要受益于学校推广普及国家通用语言文字路径。这也是汉藏-藏汉翻译服务的主要力量，这一点在玉树抗震救灾及其他公共救援，或公益性事业，或日常生产生活的语言援助中可窥见一斑。同时，他们对于语言障碍和语言援助困境对于学业的影响、就业的影响、收入的影响、生存的影响、产业发展的影响、区域发展的影响，体会最为直接。一定语境下，作为知识分子，无论在家庭还是在村落，因为掌握了国家通用语言文字，大多数情况下语言援助的能力决定其话语权。因此，调研的结果相对客观、有效。尽管，可能会因为教育程度的结构性差异，对问卷的理解也会参差不齐。但是，绝大多数都是本科生、研究生，有学士学位和硕士学位，能够较好地理解问卷的内容。

表 5-3　人口学变量频率分析

变量	选项	频率	百分比	平均值	标准差
性别	男	70	36%	1.62	0.49
	女	127	64%		
合计		197	100%		

5.3.3　信度和效度检验

为了衡量量表质量，测验统计数据可靠性和量表内部一致性程度，验证假设，得出有价值的结论，确保测量结果科学，理论与实际反映结论，采取了信度和效度检验。信度和效度有其特定的作用，信度主要是用来测量结果可靠性或稳定性，具有测评结果的属性，反映测量中随机误差的大小；效度主要是用来测量实际能测出的心理特质的程度，具有测评工具的属性。将信度和效度测试得出的 0~1 的数据结果，与不同区间的数据比较，根据其所处区间，判断其应该归属的范围，以此判断一致性程度。研究往往希望测试得出的数据，能够落在高信度和高效度这样双高的区间。

5.3.3.1　信度分析

信度主要检测量表的稳定性，测量得到的数据的一致性或可靠性。如果需要检验量表样本是否可靠，是否是受访者真实意图的反映，所得结果是否具有一致性，需要采取信度分析。信度分析，越不受时间、地点等环境的制约，则其跨时空一致性的认可度越高，其检测结果越稳定。信度分析中包含重测信度、复本信度法、折半信度法、克隆巴赫信度系数（Cronbach's a）、库得-理查森信度和评分者信度等类别，适用不同的条件。研究通过计算量表的 Cronbach's Alpha 系数的数值，检验量表内部的一致性。一般而言信度系数即为α系数，α系数取值为0~1，α系数越高表明量表内部一致性越好，其信度则越高。计算公式：

$$\alpha = \frac{k}{k-1}\left(1 - \frac{\sum_{i=1}^{k} Si^2}{Sx^2}\right)$$

其中，k代表题目个数，Si^2代表第i题各被试得分的样本方差，Sx^2代表各被试总分的样本方差。

有研究认为，如果Cronbach's a系数在0.9以上，则意味着量表的内部一致性非常高；如果Cronbach's a系数在0.75~0.9，则量表的内部一致性较高；如果Cronbach's a系数在0.65~0.75，则量表的内部一致性中等，尚可接受；如果Cronbach's a系数在0.55~0.65，则量表的内部一致性处于临界状态；如果Cronbach's a系数在0.5以下，则量表内部的一致性差（如表5-4所示）。

表5-4　α与内部一致性

Cronbach's a	内部一致性
Cronbach's a 系数≥0.9	很高
0.9>Cronbach's a 系数≥0.75	较高
0.75>Cronbach's a 系数≥0.65	中等
0.65>Cronbach's a 系数≥0.55	较差或临界
0.5>Cronbach's a 系数	低

也有研究认为，如果Cronbach's a系数在0.9以上，则量表内部的一致性甚好；如果Cronbach's a系数在0.8~0.9，则量表内部的一致性可以接受；如果Cronbach's a系数在0.6~0.7，则表示量表内部的一致性一般；如果Cronbach's a系数在0.5~0.6，则表示量表内部的一致性不太理想；如果Cronbach's a系数在0.5以下，则重新考虑。据此可判断，当Cronbach's a系数在0.7以上，则量表内部的一致性达到较高的信度水平。显然，Cronbach's a系数0.7可以认为是最小可接受值范围的上限，是量表内部的一致性相当好的下限。而Cronbach's a系数>0.7，且越接近Cronbach's a系数0.8，则量表内部的一致性越接近相当好的结论（如表5-5所示）。当然其中级差取决于研究精确的需要，相对不同的研究对象，有结构性差异。

表 5-5　Cronbach's a 系数与内部一致性参考标准

Cronbach's a 系数	内部一致性
Cronbach's a 系数≥0.9	很高、很好
0.9>Cronbach's a 系数≥0.8	好、或不错、或非常好
0.8>Cronbach's a 系数≥0.7	可以接受
0.7>Cronbach's a 系数≥0.6	一般
0.6>Cronbach's a 系数≥0.5	不太理想
0.5>Cronbach's a 系数	重新设计

分析步骤：

首先，需要明确参考标准，Cronbach's Alpha 系数没有统一的标准。归纳可知，Cronbach's a 系数 0.7 是可接受最小值的上限，是量表内部的一致性相当好的下限。Cronbach's a 系数>0.7，且越接近 Cronbach's a 系数 0.8，则量表内部的一致性越接近相当好的结论。其中，级差取决于研究精确的需要，相对不同的研究对象，有结构性差异。也有研究认为，如果 Cronbach's a 系数在 0.7~0.8，则量表内部的一致性相当好；如果 Cronbach's a 系数在 0.8~0.9，则量表内部的一致性非常好（如表 5-6 所示）。(DeVellis, 1991)

表 5-6　Cronbach's a 系数与内部一致性

Cronbach's a 系数	内部一致性
0.9>Cronbach's a 系数≥0.8	非常好
0.8>Cronbach's a 系数≥0.7	相当好
0.7>Cronbach's a 系数≥0.65	最小可接受值
0.65>Cronbach's a 系数≥0.6	不理想

其次，α 系数的结果，包括 Cronbach's a 系数和项数。α 系数，用于评价采集的数据是否真实可靠，数据的信度质量水平；项数，为参与信度分析计算的变量数。

最后，输出结果，得出结论。将量表数据用 SPSS21.0 先进行标准化处理，再进行量表内部的一致性分析。当信度系数的取值范围在 0~1，且越接近 1，可靠性越高。经过处理，根据总体信度分析结果可以看出，总体的标准化后的 Cronbach's Alpha 系数的运算结果为 0.736，大于通常的良好的边界值

0.7。由此可推断得出结论，信度比较好，即量表的一致性较好，具有较高的内在一致性（如表5-7所示）。

表5-7 Cronbach's Alpha 系数

信度分析表——可靠性统计量	
Cronbach's Alpha	项数
0.736	25

5.3.3.2 效度分析

效度分析，主要衡量量表设计是否具有合理性。所设题项，是否能够测到受测者真实水平的程度。根据量表测量出的数据，判断与实际情况的符合程度，即实际测量的结果，是否为研究原本所希望测量的目标。这就意味着，用来测试的量表，需要能够反映出受测者的真实意愿表达。检验效度的统计方法有两种，一种是探索性因子分析（EFA），使用SPSS分析软件；另一种是验证性因子分析（CFA），使用的分析软件是AMOS。对于已知维度划分，或成熟量表而言，应该使用验证性因子分析（CFA），需要验证已知的维度划分是否正确；而未知的维度量表，应该使用探索性因子分析（EFA），考察效度。考察每一题项效度的同时，还可以科学地探索出量表的维度划分。藏汉翻译公共文化服务指标属于后者，需要选择探索性因子分析（EFA），考察对量表发挥作用的程度。那么，原始数据是否适合采取探索因子分析考察效度，KMO就是起到这个考察的作用。根据KMO的大小，判断是否能够采用因子分析法，即KMO检验是确定是否能够进行因子分析的前提。

分析步骤：

第一，KMO和Bartlett的测试。通常，当KMO的值大于0.9时，表示该量表非常适合采用因子分析方法分析；当KMO值在0.8~0.9时，则意味着该量表比较适合采用因子分析的方法分析；当KMO值在0.7~0.8时，则表示该量表适合采用因素分析方法分析；当KMO值在0.6~0.7时，则表示该量表可以采用因素分析方法分析；如果该问卷的KMO值在0.5~0.6时，则表示差，只可勉强地进行因素分析；当KMO值低于0.5时，表明该量表确实不适合采用因素分析的方法分析，应该放弃。同时，对于Bartlett的检验，如果显著性小于0.05或0.01，则可以探索因子分析；否则拒绝原假设，不适合探索因子分析。

由此可见，KMO 的 0.6 数值，是判断是否可以采取探索因子分析效度的标准界限。当 KMO>0.6，同时，当 Bartlett 显著性<0.05，则适合采取探索因子分析考察效度。为了确定测验所设题项的效度的高低，研究邀请专家对问卷组成题目的适用性做出判断。

第二，结果分析，判断结论。根据原理，使用 SPSS21.0 软件，进行 KMO 和 Bartlett 检验；根据标准，将所得数据与此进行符合程度的比对，做出是否适合探索因子分析的效度检验，以此得出判断结论。

根据 SPSS21 对 KMO 和 Bartlett 球形检验输出的结果可知，KMO 结果值为 0.895，远大于 0.6，并且 Bartlett 检验数值 0.01，所表现的显著性水平远小于 0.05，呈现显著性。说明量表的数据具有较高的效度，适合使用探索性因子分析（如表 5-8 所示）。

表 5-8 KMO and Bartlett's Test

取样足够度的 Kaiser-Meyer-Olkin 度量		0.895
Bartlett 的球形检验	近似卡方	13007.617
	df	300
	Sig.	0.000

根据信度、效度检验结果得出的结论：Cronbach's Alpha 系数为 0.736，大于标准的 0.7，信度较高；KMO 检验数值为 0.895>0.6，Bartlett 检验数值<0.01，通过了巴特特利球形检验，说明量表调查的数据效度高。

5.3.4 量表的现状分析

汉藏-藏汉翻译服务指标体系优化量表的现状分析，需要使用统计学的方法，即描述性统计分析。全样本描述统计量，列示了各变量观测值的极小值、极大值、均值和标准差，从而可以对各变量的总体特征及其分布状况进行大致了解。根据研究所得到的描述性统计的均值可知，其中序列号为 23，第 25 题项，意味着答题者对汉藏、藏汉翻译服务基本满意；序列号 14 和 27 的 2 个题的均值<3，意味着答题者认为语言翻译的关键在于规范。在公共危机救援中，汉语言教学效果显著。其他题目的均值介于 1 和 2 之间，意味着介于非常满意和满意之间。通过提高国家通用语言文字能力，提高包括汉藏-藏汉翻译服务及其效率，建设服务机构、制度、遵循翻译理论、建设专业人才队伍、

多元化翻译工具等，是解决语言援助困境和语言障碍，保证沟通顺畅和信息对称的前提条件以及关键因素。

5.3.5　方差分析

现状分析具有笼统的特点，整体的现状反映了普及的现象。为了在资源稀缺的客观现实下，基于成本效益原则优化资源配置，精准解决问题，需要进一步进行差异分析，为策略的提出提供依据。单因素方差分析，就是比较不同组别之间的平均值有没有差异。单因素方差分析的原理为，计算项目组间差异和组内差异的比值。组间差异，就是每一个不同组相互之间的差异；组内差异，是每一组内各组成部分之间的差异。组间的差异对比组内的差异的比值的结果 F 值大，则 P 值小，单因素方差分析的结果是显著的，意味着不同组别之间的均值是存在显著差异的。

分析步骤：

第一步，计算 F 统计量与概率 P 值。方差分析认为，观测变量值的变动，会受控制变量和随机变量两方面的影响。观测变量总的离差平方和，分解为组间离差平方和+组内离差平方和两部分，用数学公式表示为：$SST = SSA + SSE$，然后通过方差分析，根据商值，推断控制变量对观测量显著的影响。如果 P 值小于显著性水平 0.05，则拒绝零假设（不同组别平均值不存在显著差异），即拒绝所有组别均值相等的假设。接受的是，至少有一个组别与其他组别的均值不相等，存在显著差异。即便是一个组别，与其他组别存在显著性差异，意味着方差分析的结果是显著的。

第二步，根据独立样本检验 ANOVA 分析结果，得出结论。一般，检验水准为 0.05。根据计算结果可知，NO.1~NO.28 显著性都远小于 0.05，检验的显著性无限接近于 0，说明，组间、组内的差异显著。因此，拒绝原假设。

5.3.6　相关性分析

方差分析后，需要研究变量之间的相关关系。相关性分析的第一步，把量表中的每个维度的数据及其量表整体的数据计算出来。通过 SPSS21 操作、输出，获得相应的结果，可见相关性显著。绝大部分为正相关关系，一部分为负相关关系，这符合题项内在的相关关系。根据相关分析结果，可以看出，各个变量在 99% 的显著性水平上均存在显著的相关性。这个显著的相关关系，包括两种情况：第一绝大部分相关系数都大于 0，所以相应这部分变量之间都是正相关关系。例如，在公共危机救援中，影响公共救援效率的首要因素和影响公共救援中信息不畅的首要因素成正相关关系，相关系数为.418**；第二有小部分相关系数小于0，所以相应这部分变量之间是负相关关系。例如，语言障碍对信息对称的影响与藏、汉语教学效果之间存在的负相关系数为-.156**；藏汉翻译服务满意度与语言障碍对公共危机的影响之间是负相关关系等。依此类推，可以解释其他的所有变量之间的相关性。

5.3.7 问卷分析统计结论

1. 本次问卷涉及1714名被测试者，大多数为国家通用语言文字受益的藏族人群。其中，性别分布符合受教育者的性别结构；绝大多数被测试者的年龄处于17~30岁。而且被测试者绝大多数都受过高等教育。鉴于语言生活状态中，具有极端的语言障碍和语言援助困境的特征，尤其是基层社会及边远地区，为此，被测试者的职业分布在设定的国家通用语言文字受益最大的群体中，比较均匀。基于此，被测试者的基本情况符合本次调研对调研对象语言特征的要求；

2. 该问卷量表信度和程度状况良好，Cronbach's Alpha 系数为0.736，KMO检验数值为0.895，并且Bartlett检验数值远远小于0.01。说明通过调查问卷调查到的数据，能够真实可靠地反映对语言生活状况的感知，即语言障碍和语言援助困境的解决，应该建设优化汉藏-藏汉翻译服务指标体系，实现汉藏和藏汉翻译服务的供需平衡，最大限度地开拓国家通用语言文字推广普及的路径；

3. 量表现状，反映出对汉藏-藏汉翻译服务的期待；反映被测试者的认知：优化汉藏-藏汉翻译服务机构，设置制度，规范翻译理论，创新专业人才队伍培养模式，培养专业人才，多元化翻译工具，提升汉藏-藏汉翻译服务效率，满足汉藏-藏汉翻译服务需求，提高国家通用语言文字能力的路径效能，这是解决语言援助困境，解决语言障碍，保证沟通顺畅和信息对称的前提条件和关键因素。从这个视角，反映了调研的必要性；

4. 通过ANOVA分析考察控制变量。由ANOVA分析可知，每一项都远小于0.05，说明差异性显著。这就意味着首先针对汉藏-藏汉翻译服务供需缺口，从相关影响因素着手优化配置资源，优化汉藏-藏汉翻译服务体系。从满足语言障碍和语言援助困境人群对国家通用语言文字的需求，提出汉藏-藏汉翻译服务路径多、快、好、省地推广普及国家通用语言文字的对策；其次，将具有显著性差异的要素，纳入控制变量；

5. 通过相关性分析发现，相关性显著。绝大部分为正相关关系，一部分为负相关关系，这符合量表内在的相关关系。

由此可见，问卷调研的目的在于优化资源配置，精准解决问题。这为实践应用结论、对策和建议，提供了统计学意义的依据。

5.4 指标权重的确定

国家通用语言文字推广普及路径综合评价，是指汉藏-藏汉翻译服务指标体系优化的综合评价。任何多指标的体系都需要科学合理地确定重要程度，确定指标之间的序列。确定指标的权重对于指标体系的科学、合理、有效性非常重要，也非常关键。权重的确定需要选择合适的方法，有主观赋权法和客观赋权法。主观赋权法，是指对所要赋权的对象，根据经验给予其重要程度的等级评价，或给出系数，表示对重要程度的判断结果；客观赋权法，则是通过对客观数据的计算，得出权重的方法。两种方法都有其优点和合理性，主观赋权法的数据容易取得，而且能够反映现实状况。但是，每个给出评价结论的专家，都有其自身的经历、学科领域和阅历，所以，每个结论都有主观的思想，每个评价结果都可能受个人意志的影响；客观赋权法相对于主观赋权法，能够排除过度的主观因素的影响。理想的方法是将两者融合，既能体现主观赋权法的优势，也能体现客观赋权法的优点，还能互补，消除两者的不足。一般而言，主观赋权法有古林法、德尔菲法、AHP 层次结构分析法、DEMATEL 法和环比评分法等，客观赋权法有熵值法、均方差法、变异系数法、相关系数法、统计分析法和灰色关联分析法等。其中，属于功能驱动的主观赋权法的 AHP 层次结构分析法，因为是一种把主观信息客观处理的定权法，得到广泛认可和应用。研究选择层次分析法定权；熵值法的核心思想是信息理论的信息熵，因为是和主观法结合的方法，同样得到广泛认可和应用。研究将层次分析法和熵值法结合，实现藏汉翻译服务指标体系的定权目的，以优化汉藏-藏汉翻译服务指标体系。其中，综合评价是对指标量化的评价。在这些指标不同层级共同作用下得出综合评价，以说明指标体系的系统性、科学性和可行性。

5.4.1 指标数据的标准化处理

在进行评价之前，需要先对数据进行无量纲化，然后再对指标进行赋权。

为了能得到较为客观的权重，在研究中，指标的客观权重采用熵值法进行计算，熵值法的计算原理如下：

Step1：每个指标的量纲和单位是不同的，无法直接比较、计算，所以在各指标权重计算前，需将其标准化处理：

$$x_{ij}^{'} = \frac{x_{ij} - \min x_j}{\max x_j - \min x_j} \tag{5-1}$$

Step2：为消除负值进行平移处理 一些指标数值进行标准化处理后，可能会出现数值较小或负值的情况，为了计算的统一与方便，将标准化后的数值进行平移处理，从而消除上述情况。

$$x_{ij}^{'} = H + x_{ij} \tag{5-2}$$

其中 H 为指标平移的幅度，一般取 1。

Step3：利用比重法对数据进行无量纲化：

$$y_{ij} = \frac{x_{ij}^{'}}{\sum_{i=1}^{n} x_{ij}^{'}} \tag{5-3}$$

Step4：计算第 j 个指标的熵值：

$$e_j = -\frac{1}{\ln n} \sum_{i=1}^{n} y_{ij} \ln y_{ij} \tag{5-4}$$

Step5：第 j 个指标的差异系数为：

$$g_j = 1 - e_j \tag{5-5}$$

其中，j=1, 2, L L p

Step6：第 j 个指标的权重为：

$$\omega_j = \frac{g_j}{\sum_{j=1}^{p} gj} \tag{5-6}$$

其中，j=1, 2, L L p

求组合权重：

$$\lambda_j = \frac{w_j v_j}{\sum_{j=1}^{n} w_j v_j} \tag{5-7}$$

其中 w_j 是层次分析法的权重，v_j 是熵值法的权重。

5.4.2 层次分析法确定指标权重

建立多级递阶的结构模型，以解决实际问题。层次分析法（AHP），把复杂问题逐级分阶的方法，即把要解决的复杂问题，通过特定关系分解为不同的层阶，建立多级递阶的结构模型。通过结构模型，解决复杂的问题。每一层级有序递阶，是相互独立的层级递阶结构，有其隶属关系。这个模型分为三个有序的层级，即目标层、基准层、指标层，犹如总分类账和二级分类账，二级分类账和明细科目的关系，其间是统御和具体化、明细化的关系。根据这一概念内涵可知，汉藏-藏汉翻译服务体系优化这一复杂问题，从机构设置、制度设计、人才培养模式、工具书编纂、效能评价5个一级指标、20个二级指标、79个三级指标，建立了多级递阶的结构模型。在此基础上，进行综合性评价。需要说明的是，建立的多级递阶的结构模型，包含子模型，即机构设置、制度设计、人才培养模式、工具书编纂、效能子模型，分别在每一个维度综合评价中展示。在此模型基础上，进行综合性评价。其中，每一层级，又都有各自的组成要素，每一个要素有其不同的功能。每一功能所起的作用不同，这就需要对各级每一个组成要素所起作用，按照不同程度的重要性给予量化处理，并采取适用的方法排序，确定指标的层次结构。此外，对排序的结果，需要进行一致性检验，以确保其真实性。在确定了指标体系的层次结构基础上，采取层次分析法，按照相应的步骤确定权重。

5.4.2.1 构造判断矩阵

层次结构反映因素之间的递阶关系，基准层中的各准则在目标衡量中所占的比重在不同决策者的心目中并不一定相同。当涉及某些问题，一些元素对于每一个专家，可能会有不同的判断。因此对于这样的元素，不容易得出准确的评价结果，甚至可能自相矛盾。为此，需要构造判断矩阵，根据判断矩阵，计算各要素之间的优先级权重。

表5-9 判断矩阵1~9个标度及含义

标度	含义
1	C_i元素和C_j元素的影响相同
3	C_i元素比C_j元素的影响稍强
5	C_i元素比C_j元素的影响强
7	C_i元素比C_j元素的影响明显的强
9	C_i元素比C_j元素的影响绝对的强

续表

标度	含义
2，4，6，8	C_i 元素与 C_j 元素的影响之比在上述两个相邻等级之间
1，1/2，…，1/9	C_i 元素与 C_j 元素的影响之比为上面 a_{ij} 的互反数

经过研究表明，当两两比较的因素过多时，专家的判断会受到很大影响。普遍来说，在7±2范围比较合适。如以9个为限，标度1~9，说明权重的加重。用1~9尺度，表示它们之间的差别正合适（如表5-9所示）。并且，在比较时，做n（n-1）/2次，两两判断是有必要的。这样，可以提供更多的信息，也可以通过各种不同方面的反复比较，得出一个相对合理的排序。其基本方法：下一层次元素的重要性，通过上一层次的元素信息判断，并对下一层次进行两两比较。通过对比较结果的量化，构建判断矩阵。采用1~9的9个整数和对应的倒数，构建指标判断矩阵。

5.4.2.2 计算各个指标的权重

层次单排序，就是指根据所得的判断矩阵，计算对于上一层次中某个因素而言，本层次中与之有联系的因素的重要性次序的权值。这一过程的主要目的是计算出每一个判断矩阵的特征值及特征向量，要计算出这两个值，就要利用公式 $AW=\lambda_{max}W$。

其中 A 为判断矩阵，λ_{max} 为判断矩阵的最大特征值，W 就是相应的特征向量，组成特征向量的每一个元素 W_i，即为所要求的层次单排序的权重值。

求判断矩阵的特征向量 W 和最大特征值 λ_{max}，可以使用正规化求和法和根法进行计算。这里采用正规化求和法进行计算，其计算步骤如下：

首先对判断矩阵的每一列进行正规化，即：

$$b_{ij} = \frac{a_{ij}}{\sum_{i=1}^{n} a_{ij}} \quad (i, j=1, 2, 3, \cdots, n) \tag{5-8}$$

正规化后，每一列元素之和都是1。

各列正规化后的判断矩阵按行相加，即：

$$V_i = \sum_{j=1}^{n} b_{ij} \quad (i, j=1, 2, 3, \cdots, n) \tag{5-9}$$

再对向量 $V= [V_1, V_2, \cdots, V_n]^T$ 进行正规化：

$$W_i = \frac{v_i}{\sum_{i=1}^{n} v^i} \quad (i, j=1, 2, 3, \cdots, n) \tag{5-10}$$

这样得到的向量 $[w_1, w_2, \cdots, w_n]^T$ 即为权重向量。

最后计算判断矩阵的最大特征根 λ_{max}：

$$\lambda_{max} = \sum_{i=1}^{n} \frac{(AW)_i}{nW_i} \quad (i, j=1, 2, 3, \cdots, n) \tag{5-11}$$

上式中 $(AW)_i$ 表示 AW 的第 i 个元素，n 为阶数。由于专家对因素进行两两比较时有可能会出现自相矛盾的现象，因此在进行层次单排序时为了避免出现这种现象，必须检验一致性[6]。检验的步骤如下：

（1）计算一致性指标 CI：

$$CI = \frac{\lambda_{max} - n}{n-1} \quad (\text{n 为判断矩阵的阶数}) \tag{5-12}$$

一致性指标 CI 是衡量判断矩阵 A 对其主特征向量 W 中原构成的矩阵偏离程度的一个尺度。

（2）定义随机一致性指标均值 RI：

对 $n=3\sim10$ 阶，经过计算，可以分别得出它们的 RI，考虑到 1，2 阶判断矩阵总有完全一致性，其 RI 的数值自然为 0。由此，1~9 阶的判断矩阵的 RI 如表 5-10 所示。

表 5-10 矩阵阶数为 1~9 的 RI 取值

矩阵阶数	1	2	3	4	5	6	7	8	9
RI	0.00	0.00	0.58	0.90	1.12	1.24	1.32	1.41	1.45

表中 $n=1$，2 时 $RI=0$，是因为 1，2 阶的正互反矩阵总是一致阵。

（3）计算一致性比率 CR：

$$CR = \frac{CI}{RI} \tag{5-13}$$

对于 $n>3$ 的判断矩阵 A，将计算得到的 CI 与同阶（指 n 相同）的 RI 相比，两个的比值即为 CR。当随机一致性比值小于或者等于 0.10（即 $CR \leq 0.10$）时，认为计算所得的层次排序权重是正确的、合理的。或者，认为 A 的不一致程度，在容许范围之内，则表示通过检验；否则，当随机一致性比值大于 0.1 时，则意味着判断矩阵没有通过一致性检验。这时，就需要对判断矩阵作适当的修正，通过修正后的判断矩阵重新计算，直到随机一致性检验所得结果合格，计算所得的层次排序权重是正确、合理的，通过为止。

5.5 判断矩阵构建及权重的求解

研究将分别对实现目标而构建的三个层级指标及其组成项目，根据 AHP 层次结构分析法判别矩阵及熵值法修正进行相关关系判断和验证，并计算出权重。

5.5.1 一级指标综合评价

根据指标体系，利用上述标度法，通过专家咨询法问卷调查，选取本领域 12 位专家，分别对指标的重要程度进行打分，然后对打分结果取平均值，构建两两比较判断矩阵，判断矩阵根据表 5-10 赋值。从表 5-9 中，1~9 的数字，意味着重要程度的加深。在此，根据藏汉翻译公共文化服务指标体系的基准层的五个维度，构建 5*5 的两两判断矩阵（如表 5-11 所示）。

表 5-11 一级层次 A1~A5 指标判别矩阵

	A1	A2	A3	A4	A5
A1	1.0000	3.0000	2.4306	3.3194	3.4375
A2	0.3333	1.0000	1.3458	2.2688	1.8500
A3	0.4114	0.7430	1.0000	2.9722	2.5306
A4	0.3013	0.4408	0.3364	1.0000	2.2758
A5	0.2909	0.5405	0.3952	0.4394	1.0000

采用求根法，计算判断矩阵特征向量的近似值。通过 MATLAB 软件计算判断矩阵的最大特征根，得 $\lambda \max = 5.2151$。为进行判断矩阵的一致性检验，需计算一致性指标：

$$CI = \frac{\lambda \max - n}{n-1} = \frac{5.2151-5}{5-1} = 0.0538 \qquad (5-14)$$

平均随机一致性指标 $RI = 1.12$。随机一致性比率：

$$CR = \frac{CI}{RI} = \frac{0.0538}{1.12} = 0.0480 < 0.10 \qquad (5-15)$$

根据一致性比率 CR 的大小反映满意程度的标准，当 $CR=0.048$，$CR<$

0.1。认为，一级层次分析总排序的结果有满意的一致性，即权系数的分配是非常合理的。运用 MATLAB 软件计算出指标的权重（如表 5-12 所示）。

表 5-12　一级层次 A1~A5 指标权重

指标层	权重	指标层	权重	指标层	权重
A1	0.4098	A3	0.2024	A5	0.0836
A2	0.1934	A4	0.1108		

研究对一级指标采用层次分析法分析，以便得到权系数的分配是否合理的结果，对不合理的权重采用熵值法，计算和修正，在此基础上得到综合权重。由表可知，机构设置权重为 0.4098，制度设计权重为 0.1934，人才培养模式权重为 0.2024，工具书编纂权重为 0.1108，效能评价权重为 0.0836。其中，权重最大的是 A1。按照权重的大小排序，其序列为 A1、A3、A2、A4、A5。通过对一级层次 A1~A5 指标权重熵值法修正，得到综合权重。其中，权重最大的指标为 A3。按照修正后的综合权重的大小排序，其排序为 A3、A1、A2、A4、A5（如表 5-13 所示）。

表 5-13　一级层次 A1~A5 指标综合权重

项目	层次分析法权重	熵值	差异系数	熵值法权重	综合权重
A1	0.4098	0.992937	0.007063	0.122652	0.272436
A2	0.1934	0.98915	0.01085	0.18841	0.197505
A3	0.2024	0.984238	0.015762	0.273699	0.300263
A4	0.1108	0.983736	0.016264	0.282417	0.169609
A5	0.0836	0.992351	0.007649	0.132823	0.060186

5.5.2　指标层综合评价

指标层综合评价包括二级指标和三级指标的综合评价。每一级的综合评价，分别以维度为宽度，按照步骤进行。首先建立模型，然后完成二级指标的评价，继而完成该二级指标下的三级指标的综合评价。与上同理，通过以下步骤，完成后续指标一致性检验。(1) 计算一致性指标 CI；(2) 定义随机一致性指标均值 RI；(3) 计算一致性比率 CR（如表 5-14 所示）。

表5-14 一致性检验结果汇总

指标层	最大根特征	CI	RI	CR	比较标准
A1~A5	5.2151	0.0538	1.12	0.0480	
B1~B6	6.2426	0.0485	1.24	0.0391	
C1~C5	5.1849	0.0462	1.12	0.0413	0.10
C8~C11	4.0984	0.0328	0.90	0.0364	
C12~C16	5.1254	0.0314	1.12	0.0280	
C17~C21	5.0989	0.0247	1.12	0.0221	
C22~C25	4.0538	0.0179	0.90	0.0199	
C26~C29	4.0904	0.0301	0.90	0.0335	
B7~B9	3.0300	0.0150	0.58	0.0258	
C30~C33	4.0638	0.0213	0.90	0.0236	
C34~C37	4.0619	0.0206	0.90	0.0229	
C38~C40	3.0453	0.0226	0.58	0.0390	
B10~B13	4.0765	0.0225	0.90	0.0283	
C41~C44	4.1252	0.0417	0.90	0.0461	
C45~C48	4.0940	0.0313	0.90	0.0348	
C49~C51	3.0084	0.0042	0.58	0.0072	0.10
C52~C54	3.0214	0.0107	0.58	0.0185	
B14~B17	4.1218	0.0406	0.90	0.0451	
C55~C57	3.0269	0.0135	0.58	0.0232	
C58~C60	3.0025	0.0012	0.58	0.0021	
C61~C63	3.0148	0.0074	0.58	0.0128	
C64~C65	2.000				
B18~B20	3.0180	0.0090	0.58	0.0155	
C66~C70	5.1149	0.0287	1.12	0.0256	
C71~C75	5.1170	0.0293	1.12	0.0261	
C76~C79	4.1235	0.0412	0.90	0.0457	

对指标采用层次分析方法，在汉藏-藏汉翻译服务指标优化多级递阶结构模型的基础上，构造判断矩阵，得到权系数分配是否合理的结果。在此基础

上,对不合理的权重采用熵值法,计算和修正,并得到各层级指标综合权重(如表5-15所示)。

表5-15 权重与排序比较及调整

项目	层次分析法权重	排序	综合权重	排序	备注
A1	0.41	1	0.27	2	
A2	0.19	3	0.20	3	
A3	0.20	2	0.30	1	
A4	0.11	4	0.17	4	
A5	0.08	5	0.06	5	
B1	0.35	1	0.19	3	
B2	0.25	2	0.28	2	
B3	0.18	3	0.28	1	
B4	0.083	5	0.10	5	
B5	0.09	4	0.11	4	
B6	0.06	6	0.04	6	
C1	0.35	1	0.18	3	
C2	0.26	2	0.30	2	
C3	0.17	3	0.30	1	
C4	0.12	4	0.17	4	
C5	0.10	5	0.06	5	
C8	0.38	1	0.25	3	
C9	0.32	2	0.35	1	
C10	0.21	3	0.31	2	
C11	0.09	4	0.09	4	
C12	0.41	1	0.28	1	
C13	0.22	2	0.27	2	
C14	0.14	4	0.17	4	
C15	0.15	3	0.21	3	

续表

项目	层次分析法权重	排序	综合权重	排序	备注
C16	0.09	5	0.07	5	
C17	0.36	1	0.22	3	
C18	0.26	2	0.29	1	
C19	0.19	3	0.26	2	
C20	0.12	4	0.17	4	
C21	0.08	5	0.07	5	
C22	0.48	1	0.38	1	
C23	0.26	2	0.36	2	
C24	0.14	3	0.17	3	
C25	0.12	4	0.09	4	
C26	0.42	1	0.28	2	
C27	0.32	2	0.43	1	
C28	0.16	3	0.21	3	
C29	0.10	4	0.09	4	
B7	0.62	1	0.58	1	
B8	0.23	2	0.29	2	
B9	0.15	3	0.13	3	
C30	0.39	1	0.31	2	
C31	0.31	2	0.41	1	
C32	0.13	4	0.19	3	
C33	0.17	3	0.09	4	
C34	0.53	1	0.46	1	
C35	0.20	2	0.25	2	
C36	0.16	3	0.21	3	
C37	0.12	4	0.09	4	
C38	0.59	1	0.48	1	
C39	0.28	2	0.39	2	

续表

项目	层次分析法权重	排序	综合权重	排序	备注
C40	0.13	3	0.13	3	
B10	0.48	1	0.36	1	
B11	0.26	2	0.32	2	
B12	0.16	3	0.23	3	
B13	0.11	4	0.09	4	
C41	0.47	1	0.33	1	
C42	0.28	2	0.31	2	
C43	0.19	3	0.28	3	
C44	0.08	4	0.08	4	
C45	0.43	1	0.29	2	
C46	0.29	2	0.37	1	
C47	0.17	3	0.25	3	
C48	0.11	4	0.09	4	
C49	0.40	2	0.33	2	
C50	0.45	1	0.53	1	
C51	0.15	3	0.15	3	
C52	0.50	1	0.38	2	
C53	0.35	2	0.47	1	
C54	0.15	3	0.15	3	
B14	0.54	1	0.40	1	
B15	0.23	2	0.29	2	
B16	0.16	3	0.23	3	
B17	0.08	4	0.08	4	
C55	0.57	1	0.50	1	
C56	0.26	2	0.35	2	
C57	0.17	3	0.15	3	
C58	0.43	1	0.38	52	

续表

项目	层次分析法权重	排序	综合权重	排序	备注
C59	0.41	2	0.46	1	
C60	0.16	3	0.16	3	
C61	0.55	1	0.47	1	
C62	0.29	2	0.38	2	
C63	0.15	3	0.15	3	
C64	0.75	1	0.75	1	
C65	0.25	2	0.25	2	
B18	0.37	1	0.65	1	
B19	0.26	3	0.25	2	
B20	0.38	2	0.10	3	
C66	0.38	1	0.26	2	
C67	0.28	2	0.39	1	
C68	0.12	3	0.15	3	
C69	0.12	4	0.15	4	
C70	0.09	5	0.06	5	
C71	0.38	1	0.29	2	
C72	0.29	2	0.29	1	
C73	0.16	3	0.21	3	
C74	0.11	4	0.15	4	
C75	0.06	5	0.06	5	
C76	0.43	1	0.25	3	
C77	0.29	2	0.38	1	
C78	0.19	3	0.28	2	
C79	0.09	4	0.09	4	

注：保留两位小数。

5.5.2.1 机构设置指标综合评价

1. 机构设置二级指标权重。机构设置 B1~B6 指标赋权，主要依托发展规划、制度、领导、职员、岗位和权责利等指标层，采用层次分析的方法，在组织机构指标多级递阶结构模型的基础上，构造判断矩阵，在权系数的分配是非常合理的基础上，求出 B1~B6 指标权重，并对不合理的权重，通过熵值法修正，得到综合权重。第一，根据组织机构所测算的 $CR=0.0391$，可知 $CR<0.10$。因此，认为层次分析的结果有满意的一致性，即权系数的分配是非常合理的。在此基础上，运用 MATLAB 软件计算出指标的权重。由机构设置二级层次指标权重可知，发展规划为 0.3458，制度为 0.2464，领导为 0.1836，职员为 0.0833，岗位为 0.0848，权责利为 0.0561。其中，最大的权重是 B1；第二，熵值法修正，得到综合权重。经过熵值法修正，得到综合权重。其中，综合权重最大的为 B3。由此可知，层次分析法权重和熵值法修正后的综合权重的区别，指标的排序发生了变化，主要是原来位列在前的指标之间的重要程度可能发生了变化，而居于末尾的指标，主客观方法的计算结果几乎是相同的（如表 5-15 所示）。

2. 机构设置三级指标综合评价。根据三级层次 C1~C29 指标权重的测算过程，采取不同指标层的权重测算。其中，C1~C29 所测算的 CR，基本介于 0.0199 到 0.0413 之间，可知 $CR<0.10$。因此，认为权系数的分配是非常合理的（如表 5-14 所示）。在此基础上，C1~C7 的指标权重最大的为 C1，C8~C11 所测算的权重最大为 C8，C12~C16 指标权重最大的为 C12，C17~C21 指标权重最大为 C17，C22~C25 指标所测算的权重最大为 C22，C26~C29 指标所测算的权重最大为 C26；经过指标权重熵值法修正，得到综合权重。其中，C1~C5 权重最大的为 C3，C8~C11 得到综合权重最大为 C9，C12~C16 得到综合权重最大为 C12，C17~C21 得到综合权重最大为 C18，C22~C25 得到综合权重最大为 C22，C26~C29 指标综合权重最大为 C27（如表 5-15 所示）。

5.5.2.2 制度设计综合评价

1. 机构设置二级指标权重。制度设计各项指标 B7~B9 赋权，主要依托原则、程序、方法指标层。采用层次分析的方法，在制度指标多级递阶结构模型的基础上，构造判断矩阵；在权系数的分配是非常合理的基础上，求出 B7~B9 指标权重，并对不合理的权重，通过熵值法修正，得到综合权重。第一，根据 B7~B9 指标判别矩阵，测算的 $CR=0.03$，可知 $CR<0.10$。因此，认为层次分析的结果有满意的一致性，即权系数的分配是非常合理的。在此基础上，运用 MATLAB 软件计算出指标的权重。由翻译制度设计二级层次指标权重可

知,二级层次 B7~B9 指标权重最大的是 B7;第二,熵值法修正,得到 B7~B9 指标综合权重。其中,最大的综合权重是 B7。由此可知,层次分析法权重和熵值法修正后的综合权重主客观方法的计算结果相同(如表 5-15 所示)。

2. 制度三级指标综合评价。第一,根据三级层次 C30~C40 指标权重的测算过程,采取不同指标层的权重测算。其中,C30~C40 所测算的 CR 介于 0.02 到 0.39 之间,可知 $CR<0.10$。因此,认为权系数的分配是非常合理的(如表 5-15 所示)。在此基础上,C30~C33 指标权重最大的为 C31,C34~C37 指标权重最大的为 C34,38~C40 指标权重最大的为 C38;(如表 5-15 所示)第二,熵值法修正,得到综合权重。经过熵值法修正,C30~C33 指标综合权重最大的为 C31;C34~C37 指标综合权重最大的为 C34;C38~C40 指标综合权重最大的为 C38(如表 5-15 所示)。

5.5.2.3 汉藏-藏汉翻译服务专业人才培养模式综合评价

1. 人才培养模式二级指标权重。人才培养模式指标层的综合评价,依托学士学位培养模式指标层,其中包括汉语和藏语应用能力、汉藏和藏汉翻译能力、专业知识、人文素养;专业硕士学位培养模式指标层,其中包括汉藏和藏汉翻译技能、汉藏和藏汉翻译服务经验、专业知识、人文素养;学术硕士学位培养模式指标层,其中包括汉藏和藏汉翻译技能、研究方法、基本理论;博士学位培养模式指标层,其中包括汉藏和藏汉翻译专业服务能力、学术前沿、理论研究等指标。采用层次分析的方法,在专业人才培养模式指标多级递阶结构模型基础上,构造判断矩阵,在权系数的分配是非常合理的基础上,求出 B10~B13 指标权重,并对不合理的权重,通过熵值法修正,得到综合权重。第一,根据 B10~B13 指标判别矩阵,测算的 $CR<0.10$。因此,认为层次分析的结果有满意的一致性。在此基础上,权重最大的为 B10;第二,通过熵值法修正,得到二级层次综合权重最大的为 B10(如表 5-15 所示)。

2. 人才培养模式指标层 C41~C54 指标的综合评价。第一,根据三级层次 C41~C44 指标权重的测算过程,采取不同指标层的权重测算。其中,$CR<0.10$。因此,认为权系数的分配是非常合理的(如表 5-14 所示)。在此基础上,权重最大的为 C41;C45~C48 指标权重最大的为 C45,C49~C51 指标权重最大的为 C50,C52~C54 指标权重最大的为 C52;(如表 6-8 所示)第二,熵值法修正,得到综合权重。经过熵值法修正,C41~C44 指标综合权重最大的为 C41;C45~C48 指标综合权重最大的为 C46,C49~C51 指标综合权重最

大的为 C50，C52~C54 指标综合权重最大的为 C52（如表 5-15 所示）。

5.5.2.4 辞书编纂指标层级综合评价

1. 工具书编纂二级指标权重。辞书编纂指标综合评价依托双语词典指标层，其中包括综合类双语词典、专科类双语词典、语言类双语词典等指标；单语词典指标层，其中包括综合类单语词典、专科类单语词典、语言类单语词典等指标；参考资料指标层，其中包括线上参考书和线下参考书等指标要素构建的模型。第一，根据 B14~B17 指标判别矩阵，测算的 $CR<0.10$。因此，认为层次分析的结果有满意的一致性。在此基础上，权重最大的为 B14；第二，熵值法修正，经过熵值法修正，得到 B14~B17 指标综合权重最大的为 B14。

2. 工具编纂三级指标 C55~C64 综合评价。第一，根据三级层次双语词典 C55~C57 指标权重最大的为 C55，C58~C60 权重最大的为 C58，C61~C63 权重最大的为 C61，C64~C65 权重最大的为 C64；第二，经过熵值法修正，得到 C55~C57 指标综合权重最大的为 C55；C64~C65 指标综合权重最大的为 C64（如表 5-15 所示）。

5.5.2.5 效能指标层级综合评价

1. 效能权重。效能指标层的综合评价，依托政策满意度指标层，其中包括公益性、全覆盖、均等化、标准化和基础化等指标；政府职能满意度指标层，其中包括服务理念、增强文化权利、程序流程、服务多样和成本效益指标；受益指标层，包括受益半径、语言水平、语言能力和就业能力提升指标。采用层次分析的方法，在优化汉藏-藏汉翻译服务指标体系效能评价多级递阶结构模型基础上，构造判断矩阵，在权系数的分配是非常合理的基础上，求出 B18~B20 指标权重，并对不合理的权重，通过熵值法修正，得到综合权重。第一，根据 B18~B20 指标判别矩阵，测算的 $CR<0.10$。因此，认为层次分析的结果有满意的一致性。在此基础上，效能评价指标权重最大的为 B18；第二，经过熵值法修正，B18~B20 指标综合权重最大的为 B18。

2. C66~C79 权重指标的综合评价。第一，根据三级层次 C66~C79 指标权重的测算过程，采取不同指标层的权重测算。其中，测算的 $CR<0$。因此，认为权系数的分配是非常合理的（见表 5-14）。在此基础上，C66~C70 指标权重最大的为 C66，C71~C75 权重最大的为 C71，C76~C79 权重最大的为 C76；第二，经过熵值法修正，得到三级层次 C66~C70 指标综合权重最大的为 C67，

C71~C75指标综合权重最大的为C72，C76~C79指标综合权重最大的为C77（如表5-15所示）。

5.6 综合评价

5.6.1 综合评价法的原理和步骤

评价中，某些评价指标带有一定程度上的模糊性，没有十分明确的界限。因此，缺少精确的反馈。综合评价方法就是建立于评价过程中的模糊数学运算法则，对现实中非线性的评价进行量化综合，最后得到可比的量化结果。采用模糊数学的方法进行综合评价，也将更接近实际情况。这一方法是用数学的方法研究和分析客观存在的模糊现象，模糊数学对受多种因素影响的事物或现象作出总的评价，对多因素、多层次的复杂问题评判效果比较好。

第一，模糊综合评价方法的特点

（1）模糊综合评价方法可以进行多层次评价，并且其评价过程可以不断循环。前面整个过程的综合评价结果，可以作为后面过程综合评价的投入数据依据。即，对于一个比较复杂的评价对象，可以进行单级模糊综合评价与多级模糊综合评价；

（2）评价指标的权重处理。模糊综合评价中的指标权重系数向量K，是人为的估价权，是一个模糊向量，而不是模糊综合评价过程中所伴随生成的；

（3）模糊综合评价方法本身的性质也决定了其评价结果只能是一个向量集，并不是一个具体的值，而且其评价结果对于被评价对象也具有唯一性；

（4）评价等级论域的设立。在模糊综合评价方法里，总会设有一个评语等级的论域，且各个等级的含义必须是明确的。

第二，综合评价的步骤

（1）首先确定评价对象的因素论域。

可以设 P 个评价指标，$U = \{u_1, u_2, \cdots, u_p\}$；

（2）确定评语等级论域。

设 $V = \{v_1, v_2, \cdots, v_p\}$，每一个等级可对应一个模糊子集，即等级集合；

（3）建立模糊关系矩阵。

在构造了等级模糊子集后,要逐个对被评事物从每个因素 u_i (i=1, 2, …, p) 进行量化,即确定从单因素来看被评事物对等级模糊子集的隶属度（R | u_i）,进而得到模糊关系矩阵,如下:

$$R = \begin{bmatrix} R | u_1 \\ R | u_2 \\ \cdots \\ R | u_p \end{bmatrix} = \begin{bmatrix} r_{11} & r_{12} & \cdots & r_{1m} \\ r_{21} & r_{22} & \cdots & r_{2m} \\ \cdots & \cdots & \cdots & \cdots \\ r_{p1} & r_{p2} & \cdots & r_{pm} \end{bmatrix}$$

其中,第 i 行第 j 列元素 r_{ij},表示某个被评事物 u_i 从因素来看对 v_j 等级模糊子集的隶属度。

(4) 确定评价因素的权向量。

在模糊综合评价中,确定评价因素的权向量:$W = (a_1, a_2, …, a_p)$。一般采用层次分析法确定评价指标间的相对重要性次序,从而确定权系数,并且在合成之前归一化。

(5) 合成模糊综合评价结果向量。

利用合适的权重集将 W 与各被评事物的 R 进行合成,得到各被评事物的模糊综合评价结果向量 S 即:

$$W * R = (a_1, a_2, …, a_p) \begin{bmatrix} R | u_1 \\ R | u_2 \\ \cdots \\ R | u_p \end{bmatrix} = \begin{bmatrix} r_{11} & r_{12} & \cdots & r_{1m} \\ r_{21} & r_{22} & \cdots & r_{2m} \\ \cdots & \cdots & \cdots & \cdots \\ r_{p1} & r_{p2} & \cdots & r_{pm} \end{bmatrix}$$

$$= (b_1, b_2, …, b_m) = S$$

其中,b_i 表示被评事物从整体上看对 v_j 层次等级模糊子集的隶属程度。

(6) 对模糊综合评价结果向量进行分析

实际中最常用的方法是最大隶属度原则,但在某些情况下使用会有些很勉强,损失信息很多,甚至得出不合理的评价结果。提出使用加权平均求隶属等级的方法,对于多个被评事物可以依据其等级位置进行排序。

5.6.2 建立模糊隶属度矩阵

在本文的综合评价中,对于每一个指标设定五个级别评语,即 V = [V_1, V_2, V_3, V_4, V_5] = [很好,较好,一般,较差,很差],并且赋值为 V = [5, 4, 3, 2, 1]。由经验丰富的人员对指标价值体系进行评估,由每个专家单独对指标层的每个指标进行等级打分。由于指标的模糊性，可以综合每个人对该指标的打分次数，得出该指标属于某个评语等级的隶属度，取赞同该指标的评语等级的比重为隶属度，从而建立单因素模糊综合评判矩阵并计算结果。

根据建立的三级单因素模糊综合评判矩阵，可得计算结果：都介于较好和很好之间。通过三级指标模糊隶属度矩阵跟权重相乘，得到二级指标的模糊隶属度矩阵。根据建立的二级单因素模糊综合评判矩阵，可得计算结果：都介于较好和很好之间。通过二级指标模糊隶属度矩阵跟权重相乘，得到一级指标的模糊隶属度矩阵。根据建立的一级单因素模糊综合评判矩阵，可得计算结果：都介于较好和很好之间。

5.6.3 评价等级

汉藏-藏汉翻译服务指标体系优化，是由各指标组成，每一个指标在体系中起着各自的作用。汉藏-藏汉翻译服务体系是一个载体，承载着每个指标的功能发挥。而每个指标所属层级不同，各层级的系统性、科学性、可行性是体系综合能力的体现。为此，对该指标体系各层级各指标进行量化分析，得出综合评价结果为良好（如表5-16所示）。

表 5-16 评价等级

评价等级	V^1（很好）	V^2（较好）	V^3（一般）	V^4（较差）	V^5（很差）
分数	5	4	3	2	1

由整体评分值可知：

$V = 5 \times 0.385075 + 4 \times 0.517285 + 3 \times 0 \times 084226 + 2 \times 0.012839 + 1 \times 0 = 4.2729$

根据整体评分值为4.2729，可以判断优化汉藏-藏汉翻译服务指标体系介于较好与很好之间，即为良好。

5.7 结果分析

5.7.1 一致性检验结果

这部分内容，既包括了通过层次分析方法在构造判断矩阵的基础上，求解指标权重，又包括用MATLAB软件计算判断矩阵的一致性检验，计算一致性指标。通过所获 CR 的数值大小，以判断满意程度。根据一致性比率，可知当 $CR<0.1$ 时，则层次的总排序具有一致的满意性；当 $CR>0.1$ 时，则层次的总排序不具有一致的满意程度。在这种情况下，需要利用熵值法进行修正。

根据统计汇总表可见，A1~A5，B1~B20，C1~C79 三个指标层级，各维度层次分析的结果都通过了一致性检验。其中，CR 的最大数值为 0.048，符合 $CR<0.10$ 的理想状态。由此可知层次分析的结果达到了满意程度，即权系数的分配是非常合理（如表 5-14 所示）。

5.7.2 综合权重的意义

通过采用 AHP 得到藏汉翻译服务指标体系优化汉藏-藏汉翻译服务体系的五个维度的权重值，经过熵值法修正，获得综合权重值。每个指标综合权重值的大小，都意味着在特定维度范围内的重要程度。根据统计汇总表，各指标之间存在结构性差异和认知差异。通过层次分析法权重和熵值法修正后得到的综合权重，可知差异。修正后各指标权重的变动，为精准施策，提供了靶向（如表 5-15 所示）。

结论，主要包括以下三点：

（1）通过了一致性检验，$CR<0.1$ 时，指标层次的总排序具有一致的满意性，即权系数的分配是非常合理；

（2）部分权重指标通过修正后排序发生了变化，为精准施策提供了依据；

（3）根据整体评分值为 4.2729，可知优化的汉藏-藏汉翻译服务指标体系良好。

5.7.3 调整后的排序

通过层次分析法权重研究，根据熵值法对权重的修正，依据综合权重的调整，根据排序，对指标体系作出了调整（如表 5-15，表 5-17 所示）。

表 5-17　调整后的排序

基准层	指标层	指标层
A1 组织机构	B3 领导	C12 规划能力
		C13 组织协调能力
		C15 语言应用能力
		C14 资源分配能力
		C16 语言翻译文化融合能力
	B2 制度	C9 可持续性
		C10 可操作性
		C8 科学性
		C11 区域特色
	B1 发展规划	C3 社会稳定、民族融合
		C2 信息对称
		C1 文化交流目标
		C4 契合度
		C5 供需平衡
	B5 岗位	C22 时效性
		C23 效率性
		C24 优化性
		C25 系统性
	B4 职员	C18 语言翻译服务能力
		C19 语言翻译结构性差异识别能力
		C17 语言翻译能力
		C20 职业道德
		C21 博识能力
	B6 权责利	C27 权限分明
		C26 分工明确
		C28 权责利统一
		C29 有效控制

续表

基准层	指标层	指标层
A3 人才培养模式	B10 学士学位培养模式	C41 语言应用能力
		C42 语言翻译能力
		C43 专业知识
		C44 人文素养
	B11 专业硕士学位培养模式	C46 语言翻译服务经验
		C45 语言翻译技能
		C47 专业知识
		C48 人文素养
	B12 学术硕士学位培养模式	C50 研究方法
		C49 语言翻译技能
		C51 基本理论
	B13 博士学位培养模式	C53 学术前沿
		C52 语言翻译服务能力
		C54 理论研究
A2 制度	B7 原则	C31 尊重语言翻译规律
		C30 语言翻译服务信雅达
		C32 尊重文化差异
		C33 语言翻译服务标准化
	B8 程度	C34 设计科学
		C35 步骤有序
		C36 运行有效
		C37 成本效益
	B9 方法	C38 选择正确
		C39 使用恰当
		C40 符合要求

续表

基准层	指标层	指标层
A4 辞书编纂	B14 双语词典	C55 综合类双语词典
		C56 专科类双语词典
		C57 语言类双语词典
	B15 单语词典	C59 专科类单语词典
		C58 综合类单语词典
		C60 语言类单语词典
	B17 参考资料	C64 线上参考资料
		C65 线下参考资料
A5 效能评价	B18 政策满意度	C67 全覆盖
		C66 公益性
		C68 均等化
		C69 标准化
		C70 基础化
	B19 政府职能满意度	C72 增强文化权利
		C71 为人民服务理念
		C73 程序流畅
		C74 服务多样
		C75 成本效益
	B20 受益度	C77 语言水平
		C78 语言能力
		C76 受益半径
		C79 就业能力提升

5.8 小结

根据前述章节阐述和分析，语言障碍人群对语言障碍和语言援助困境的消极影响，有着深切的体验。渴望通过更多的路径提升汉语言能力，希望国家通用语言文字得到尽快普及，以此提高生存能力，与全国人民一起走向共同富裕。研究也认识到，公共文化服务体系对推广普及国家通用语言文字，解决语言障碍和语言援助困境，具有基础教育功能和文化服务功能。但是，公共文化服务体系的局限性决定了公共文化服务的局限性。这一局限性表现为：第一，忽略了该地区极端的自然环境，以及所孕育的极端的封闭的语言环境；第二，忽略了具有语言障碍和语言援助困境特征的区域性共性的语言生活状况以及其中存在的结构性差异；第三，忽略了其中的汉语言需求的层级关系，以及对推普路径适应的结构性差异；第四，忽略了解决语言障碍的语言援助路径，以及语言援助困境与汉藏-藏汉翻译服务体系的关系；第五，忽略了少数民族本民族语习得与文化语境，以及路径依赖和推广普及国家通用语言文字路径的关系；第六，忽略了汉藏翻译和藏汉翻译的专业差异，以及藏汉翻译服务与汉藏翻译服务的区别；第七，忽略了藏汉翻译服务体系与汉藏翻译服务体系的文化背景；第八，忽略了汉藏翻译服务和藏汉翻译服务路径解决语言障碍和语言援助困境的功能差异，以及推普的"1+1>2"的协同效应。正是这些忽略，导致了该地区公共文化服务体系的局限性。长期以来，我国没有专门从事藏汉翻译的机构，也就缺乏与之配套的藏汉翻译服务体系及制度、专业人才培养模式、辞书等标准的工具书、满意度评价等；缺乏以藏汉翻译服务体系优化汉藏-藏汉翻译服务体系的意识；缺乏满足需求层次的路径分层意识。

相比于直接推广普及汉语言，汉藏-藏汉翻译服务是践行讲标准普通话，写规范汉字的桥梁和路径。客观而言，随着国家通用语言文字的时代要求，补齐藏汉翻译服务体系短板，以优化汉藏-藏汉翻译服务体系，不失为精准的国家通用语言文字提质增效的路径载体。为此，在一定历史阶段，应该从五个维度，三个指标层级的藏汉翻译服务指标体系，优化政府主导的自上而下的语言翻译服务供给体系，解决具有区域性极端属性的广泛存在，尤其是基层社会的语言援助困境，以此协同功能拓展推普路径。研究在藏汉翻译服务体系影响因素分析的基础上，通过问卷调查，从描述性统计分析、信度和效度检验、方差分析、相关性分析，一步步检验，说明优化语言翻译服务体系的科学性和合理性。

第6章

国家通用语言文字推广普及路径有效运行对策建议

根据前述章节可知，一定历史阶段，着重从机构设置、制度设计、专业人才培养模式、工具书编纂、满意度效能评价五个维度，三个指标级次补齐藏汉翻译服务体系短板，优化汉藏-藏汉翻译服务体系。一方面，改变"我国没有专门从事藏译汉的机构"现象，使其发挥纲举目张的作用，为解决具有区域性极端属性的藏汉翻译语言援助困境创造条件，为推广普及国家通用语言文字，践行讲普通话，与规范汉字，解决语言障碍，发挥协同效应的路径功能；另一方面，最重要的是防患于未然，从社会稳定、国家安全，边疆稳固的视角储备足够的语言援助资源，从汉藏翻译服务和藏汉翻译服务多元化路径践行讲普通话，规范汉字。推广普及国家通用语言文字，跨越语言障碍。为此，研究以国家力量为主的运行模式，语言学习的行为模式等提出语言翻译服务体系有效运行，语言翻译服务有效供给保障措施，以创造国家通用语言文字推广普及、提质增效的基础性条件。

6.1 建议以国家力量为主的运行模式

6.1.1 突破路径依赖

6.1.1.1 突破路径依赖充分认识语言翻译服务体系基础设施功能

突破路径依赖，提高汉藏-藏汉翻译服务体系具有多元功能的认识。改变观念，给予语言翻译服务体系类似于基础设施体系的功能，并赋予汉藏翻译服务和藏汉翻译服务铺路搭桥功能。人们往往对汉藏-藏汉翻译的认知仅仅限于语言翻译的角度，而忽略了公共文化服务国家通用语言文字推广普及的路径功能，忽略了文化教育的功能。为此，将汉藏-藏汉翻译服务体系置于公共文化服务体系，既赋予其汉语言文化教育功能，也赋予其公共文化服务体系语言翻译服务功能的认识，有利于拓展推普路径的认知。同时，要改变观念，突破人们对汉藏和藏汉翻译服务体系的认知误区，突破路径依赖从语言翻译所承载的文化背景，认识语言翻译服务体系的基础设施体系功能。基础设施体系建设对于服务国家重大战略、支持经济社会发展,以及推动我国整体高质量发展,具有不可替代的基础性作用。推广普及国家通用语言文字,类似于基础设施体系建设的作用一样,对于青藏地区城镇化和精准扶贫绩效,拓宽脱贫人口务工就业渠道,提高可持续性生存的能力,同样具有不可替代的基础性作用。类似于基础设施体系建设更注重社会效益一样,拓宽汉语推广普及的路径,解决语言障碍的社会效益同样重要。完善语言翻译服务体系,犹如完善语言环境的基础设施体系,起到铺路搭桥的作用。凭借国家完善的公共文化服务体系特有的全方位、立体式、网格化布局的资源,在保护、传承地方优秀的特色文化中推广普及国家通用语言文字,是提高基层社会汉语能力,提供丰富的平台和载体的有效措施,有利于发挥协同效应。

6.1.1.2 突破路径依赖分阶段多元主体参与汉语推广普及路径实践

突破路径依赖,因地制宜分阶段多元主体参与汉语推广普及路径实践。多元主体参与公共文化服务供给,每一个主体供给相应的文化,以满足多层次的文化需求,有其多元化路径的功能,是国内外公共文化服务能够有效供给的重要经验。国外研究关注加强政府与市场、社会的伙伴关系,以及公平与效率的关系,充分发挥市场和社会在公共文化服务供给中的作用。有的国家引入市场化和社会化机制,既是公共文化服务发展阶段的要求,也应该选择与其国情相符的路径。而过度推行公共文化服务市场化,或将不适宜市场化的一些公共文化服务市场化,容易导致质量下降,损害公平和公正,甚至损害公共安全和国家安全。反观研究成果,从政府主导到多元复合型模式,对于不同地区处于不同水平阶段的汉语言需求,则需要采取不同的主体路径。在经济欠发达的民族地区,不少地方存在当地民族语言单语种的语言生活状态,汉语言的水平极其有限,甚至广泛存在语言障碍的现象,且语言援助困境突出。针对这种语言状况,应该采取以政府为主导的供给模式;随着经济发展水平提高,针对汉语言能力的提高,国家通用语言文字普遍应用的语言状况,应该选择多元供给主体的模式,分门别类,划分各供给主体的服务范畴,以提供不同的公共文化服务,或相同公共文化服务在不同层次,采取不同的供给方式。尤其要关注公民主体自身的参与价值和现实意义,政府、企业、市场、公民自身供给主体相互作用,搭建起一个完整的公共文化服务供给体系,既包括政府供给主导的自上而下的文化"灌输服务"路径,也包括引入公众、社会评价和需求决定的自下而上的"以需定供"的公共文化服务路径，这个路径含有自下而上的社会公众文化需求反馈机制，以便使公共文化无论在空间和层次上，还是在积极主动自觉的层面上，都能够通过公共文化服务传递至公众，实现公共文化服务体系建设的根本目标，即社会大众文化需求满足和文化权益的获取。在一段时期内，我国青藏地区公共文化服务供给的能力有限，公共义化服务供给内容仍不丰富的阶段，基于信息安全、公共安全、政治安全、边疆安全、国家安全的视角，需要发挥政府为主体的全面履行其推广普及汉语，满足语言翻译服务需求的供给职能，以消除语言障碍和语言援助困境。语言障碍人群对汉语的需求，类似于人们日常生产生活对基础设施的需求。当国家通用语言文字广泛传播，语言障碍人群具有自觉讲汉语、自觉抵御各种语言风险的意识，政府在多元主体的体系中，有责任发挥统御功能，发挥监管的作用。市场和社会力量在国家力量统御下，发挥特殊环境下，特殊群体自身参与和评价的作用，通过多种形式参与推广普及国家通用语言文字，共同参与语言翻译服务，提升语言障碍人群的汉语言能力，满足多层次日益增长的汉语需求。

6.1.2 突破路径依赖协同效应最大化

协同效应的关键在于一个总体的不同组成部分，利用同一资源而产生的整体效应。这个总体可以是广义的大系统、或大体系、或大的组织、或整个环节、或整个期间，可以是研究所指的某个由多个单元组成的大的单元、社区、大家族等；这个协同可以是外部协同和内部协同，简而言之，获得"1+1>2"的效应。基丁此，推普路径以跨界组合实现协同效应最大化，不失为有效路径。语言翻译服务是推普的路径之一，其中将语言翻译服务纳入公共文化服务体系，以汉藏-藏汉翻译服务实践推普，是各学科各领域跨界组合的有效路径。因地制宜的公共文化服务体系，注重投入的公平性，用有限的资金满足公共需求。这就告诉人们，公共文化服务体系要解决短板问题和底限尺度问题。首先，在构建国家整体的公共文化服务体系的基础上，关注各区域的差异，关注特殊环境和特殊群体的最大短板和应急机制。我国经济社会发展不平衡，区域间、城乡间存在较大差距，地方历史、文化、传统具有结构性差异。这就决定了东部地区与中西部地区农村公共文化服务的供给水平有较大差距，即使在同一个省域内，不同自然环境，公共文化服务需求存在差异。由于发展阶段、产业基础以及资源禀赋等差异，各区域公共文化服务面临的问题与约束条件各不相同。有着不同的政策需求，需要相应地满足公共文化服务需求的特色体系。了解不同区域文化服务需求的结构性差异，分析短板所在，除了应包括基础的保障体系之外，还应包括语言障碍群体的文化服务体系，以及维持其可持续发展的保障体系。注重公共文化服务体系供需结构的协调平衡，实现公共文化服务的均等化，兼顾社会各个层面、各个地区的人群，尤其是特殊人群和农牧区偏远地区的人群的公共文化服务体系，这是公共文化服务体系中必不可少的组成部分；其次，研究公共文化服务体系构成要素，除了单一地分析各个独立的系统部分外，需要考虑各个系统之间的联系和结构性差异，注重各个体系之间的系统联系，使各个体系有机地联系起来，发挥出"1+1>2"的协同效应。基于此，既要全覆盖，还要精准覆盖区域性的公共文化特色服务，以解决具体问题。根据青藏地区语言特征，应该因地制宜，优化汉藏-藏汉翻译服务体系，是拓宽推普以消除语言障碍和语言援助困境之路径。

公共文化服务体系作为有机的系统，延伸到基层社会。在青藏地区，四级或五级公共文化设施覆盖率达到百分之百。省市设施包括公共图书馆、美术馆、文化馆（站）、博物馆、纪念馆、文化艺术活动中心；区级设施包括图书馆、文化馆；街乡级设施包括综合文化中心；社区村级设施包括综合文化室，建有文化信息资源共享工程站点，数字文化社区，24小时自助借书机，公共图书馆读者"一卡通"覆盖街乡，村里文化活动室。公共文化服务设施无论数量还是质量，为公共文化服务铺设了强大的供给网络，基本形成15分钟文化服务圈。不同的历史阶段，随着公共文化服务需求特色的不断演进，公共文化服务体系在本土化过程中不断优化，并发挥作用。基层综合性、公益性文化机构是公共文化服务体系的重要组成部分，是公共文化服务的平台和载体。以公共文化服务体系承载语言翻译的服务体系，提供多样化的语言翻译的公益文化服务，为广大基层国家通用语言文字推广普及创造语言环境，既能营造整个区域的汉语应用氛围，满足提高汉语言能力的需求，又能提高这些综合性公益性文化机构的绩效，提高图书馆、博物馆、文化馆及其中心、处、室利用率。同时，依托公共文化服务体系的监督功能，确保信息安全。

6.2 建议最大收益函数汉语言学习的行为模式

6.2.1 最大收益函数学习的行为模式

假设能找到一个最大收益函数的国家通用语言文字学习的行为模式，则可能通过经验而自主学习，继而多、快、好、省地推广普及国家通用语言文字。为此，规定了行为和收益函数，让语言障碍人群找到最大化收益函数的行为，则可以尽早实现国家通用语言文字增效提质的目标，且可能为实现加大国家通用语言文字推广力度的目标注入新的理念，并为此创造基础条件。针对不同程度的语言障碍人群，确定国家通用语言文字掌握的不同程度的多元任务目标，则赋予目标实现程度不同的收益函数。随着最大化收益函数与国家通用语言文字自我学习能力提高的行为模式的确定，经验在不断尝试的行为和这些行为产生的收益结果中积累，掌握的程度不断上台阶。而经验是由学习者与环境互动的结果，人们可能会改变自己的行为模式最大化收益函数，在最大化收益模式中逐渐强化自己学习国家通用语言文字的行为模式。如何针对不同应用场景，选择合适的国家通用语言文字表述，实践中的经验起到有效的作用。假设，在有着足够熟悉语境的学习资料的前提下，制定相应的标准，而不是简单地用统一标准来测试各个层次普通话的掌握程度，在最高标准的引导下，用不同的标准来引导语言障碍人群的汉语言能力在各自的最大收益函数的国家通用语言文字学习的行为模式中上台阶。相对于这样的语言障碍人群和不同的标准，通过青藏地区语境下熟知的生产生活，以及优秀文化为内容的汉译本作为学习载体，则可以获得期待国家通用语言文字全覆盖的收益。那么，以此措施，在通过语言翻译服务提供足够的国家通用语言文字氛围和语言环境下，语言障碍人群则可能找到一个最大化收益函数的国家通用语言文字学习的行为模式。

6.2.2 补齐短板

补齐语言翻译服务体系短板是设定最大收益函数的国家通用语言文字学习行为模式的有效路径。公共文化服务体系隶属于公共服务体系，既具有公共服务体系的特征，又具有公共文化服务体系的特征，在青藏地区，还具有区域性特征。公共服务体系按不同标准划分为若干子体系，按照政治类、经济类和文化类划分标准分类，公共服务可以被划分为政治类公共服务、经济类公共服务和文化类公共服务。在此基础上，公共服务体系对应为政治、经济、文化类公共服务体系。公共服务体系构建也对应为政治类公共服务体系构建、经济类公共服务体系构建和文化类公共服务体系构建。其中，公共文化服务体系按照不同的标准又划分为若干子体系，按区域标准划分，包括区域性的公共文化服务体系；而区域性公共文化服务体系子体系包括以区域特色为标志的公共文化服务特色体系。这为将区域性特色的语言翻译服务纳入公共文化服务体系，优化语言翻译服务体系提供了理论依据。而汉藏-藏汉翻译服务体系优化中，"语言障碍""语言援助"困境，凸显语言翻译服务体系的短板在于三个方面：第一，汉藏翻译服务体系本身不完善；第二，藏汉翻译服务体系的短缺；第三，汉藏-藏汉翻译服务体系的关系认知误区。因此，在语言翻译服务体系框架下，完善汉藏翻译服务体系，以藏汉翻译服务体系优化汉藏-藏汉翻译语言服务体系，需要从基础做起。健全相关组织机构，完善规章制度，建设专业队伍、编制各类双语词典，实现满意度评价是提供高效率的汉藏-藏汉翻译服务，满足基层社会解决语言援助困境需求，在推进特色公共文化服务体系建设的进程中，不断拓宽推广普及国家通用语言文字路径，提高汉语言能力的有效措施。

6.3　健全语言翻译服务组织机构的对策

6.3.1　优化翻译服务组织机构

现代公共文化服务型政府，把为社会或公众服务作为其存在、运行及发展的宗旨，以提供包括优质文化产品在内的社会性公共服务，满足人民群众日益增长的社会文化需求。而满足青藏地区包括汉藏-藏汉翻译服务在内的特色的公共文化服务的需求，就要求优化满足这一需求的组织机构，以提高语言翻译服务的能力。综观历史，无论是国家民族语文翻译中心（局），还是垂直分布的下属机构，即便是市县语文翻译局，都具有与时俱进的补齐短板的需求，这是包括本民族语言和国家通用语言文字在内的需求层次演进的要求。而且89.56%的调查对象认为语言翻译服务机构不仅影响汉藏翻译服务质量，而且影响藏汉翻译服务质量，也影响总体的服务质量；91.19%的调查对象认为语言翻译机构优化，不仅有利于提高质量，满足汉藏翻译服务和藏汉翻译服务的需求，而且有利于通过汉藏翻译服务和藏汉翻译服务分工协作，更有利于提高国家通用语言文字能力，这从研究组织机构维度指标优化排序的变化可窥见一斑。根据现实需求及社会发展趋势，根据指标体系，优化岗位，维护内部控制制度，配齐专业人才，优化梯队建设，各司其职，权利明确是优化民族翻译局和省属民语办或翻译处组织机构的有效对策。

6.3.2 明确职责

至于职责方面，国家民族翻译局要负责统领、指导并监督语言翻译服务，开展相关语言翻译理论及规范化、标准化等研究，使其更加良性运行。将民间语言翻译服务纳入监管范围，保证其质量和水平。具体而言：一要维护汉藏和藏汉翻译服务专业队伍的稳定，维护工作者的合法权益和正当利益；发挥全国语言翻译专业人才的协同效应，加强联系与合作，增强语言翻译的国家通用语言文字推广普及的路径功能；二要承担政府、企事业及社会各界委托的语言翻译业务，加大汉藏-藏汉翻译相关的服务、咨询和培训；成立语言翻译专家评审委员会，推出优秀的汉藏和藏汉译著及理论研究成果，储备相关专业资源，提升理论和实践水平，为国家通用语言文字推广普及创造条件；三要举办各种学术交流活动，开拓视野，增长知识，为多元化推广普及国家通用语言文字路径提供交流的平台；四要开展语言翻译服务行业调查研究，加强行业自律，规范行业行为，为高质量实践推广普及国家通用语言文字路径提供依据；五要整合优势资源，翻译出有影响力的藏文化汉译本，为国家通用语言文字提质增效提供参考的文本。总之，以此对策，为汉藏-藏汉翻译服务的国家通用语言文字推广普及路径，创造权责利明确的语言环境。

6.4 制定基本译规对策

6.4.1 规范语言翻译服务国家通用语言文字路径

译规是保证汉藏-藏汉翻译服务质量的准绳，国家民族翻译中心（局）要统筹规划，制定程序，明确责任，以"伊始规范""生产规范""产品规范"规范汉藏-藏汉翻译服务。首先尊重翻译规律，忠于原文，避免逐字翻译或任意增删，不能曲解或误解原义，把原文的内容置于文化语境准确理解。有效地阻止不规范的翻译服务，或不符合原文的盲目翻译和随意翻译的观点；其次尊重语言翻译的程序，从汉藏和藏汉翻译、校审、定稿到书写等分工，严格规范翻译行为。忠实、流畅、优美，合乎规范译语，力求译文通俗易懂、明白晓畅、文辞优美，往往需要集体翻译，才能提供高质量的汉藏-藏汉翻译服务。翻译是一种精读原文，熟悉全貌，掌握规律，精确表达，做到意准和词美的很复杂的系统工程。这个系统过程要经过分析—转语—重组—检验等许多步骤和模块，一般是集体力量的成果。从藏族历史上翻译一部经典所历经的流程可知，时常由精通原文的印度论师和精通藏文的藏族译师发挥各自优势合作完成。有些大部头的经典，由多人合作而成。由此给予的启示和借鉴，即汉藏和藏汉翻译服务，可以由汉藏翻译者和藏汉翻译者取长补短，合作完成，以求精准，以此规范汉藏-藏汉翻译服务的同时，规范汉藏-藏汉翻译服务国家通用语言文字路径。

6.4.2 规范词语

提供规范的汉藏和藏汉翻译服务的国家通用语言文字推广普及路径，词语规范是其他一切规范的基础和基本保障。如今在汉译藏文文献，或藏译汉文文献时，也应该由国家民族翻译中心（局）牵头，五省民语办或编译局协同合力，规范藏族文化常用词的汉语译名，至少要统一人名、地名、书名、特殊文化词等专有名词，以供译者使用，以使藏族文化汉译逐步走向规范化。以此规范化的要求，为国家通用语言文字传播的多元化路径创造基础条件。

6.5 专业人才队伍梯度化对策

《玉树藏族自治州藏语言文字工作条例（2009）》第三条规定：自治州各级国家机关执行职务的时候，通用藏汉两种语言文字。根据国内外的经验和做法，优化本、硕、博各层次培养目标模块，根据知识和技能两大模块，在不同的层次有明确的培养目标和重点，完成相应的知识及素质教育，侧重培养不同的技能，从而形成各层次梯队化的专业人才培养模式，成为国家通用语言文字提质增效的关键。

6.5.1 专业人才培养目标模块

一是本科学士学位专业人才培养目标模块。语言翻译服务本科专业人才教育，在教育部规范的培养方案中注重以培养基本语言翻译能力为主，要完成语言、技能、知识和人文素养四大板块的培养。首先要求入学时的汉语水平要达到普通中学初中毕业生的水平，在教学过程中，从低年级起强调汉藏和藏汉翻译的应用能力培养，并开始融入翻译的理念。在正式进入汉藏-藏汉翻译专业的高级训练阶段，进一步深造成为职业翻译人才，或从事汉藏-藏汉翻译相关的语言文字工作者；二是研究生硕士学位专业人才培养目标模块。首先，硕士专业学位包括学硕和专硕，应该加强专硕人才培养。可以招收具有工作经验的学生，以备社会需求；其次，在专硕培养中强调实用性和实战性，强调责任担当，引领国家核心价值观意识。在一旦出现公共危机救援，需要语言援助力量时，能够突出其应急能力和责任担当。尤其储备具有汉藏-藏汉口译、笔译技能，娴熟技巧，丰富的专业知识和较强的人文素养的专业人才；三是研究生博士学位专业人才培养目标模块。汉藏-藏汉翻译服务，需要具有社会主义核心价值观，引领学术，具有话语权的国家战略性人才。语言翻译学博士教育应该站位高远，储备国家战略实施中需要的高级人才。同时，为民族高等教育培养师资和高层次研究人员。因此该模块应该培养熟悉中外翻译学前沿理论，使其具有较强的语言翻译理论和研究能力，以及较高的语言翻译教学研究水平。

各层次形成的梯队培养模块，为我国汉藏-藏汉翻译服务更加规范、健康解决各层次语言援助困境提供充分的资源。同时，也能为国际语言翻译教育体制有机接轨提供人力资源，并且承担起国家通用语言文字推广普及的历史责任，以专业知识服务国家，服务地区，改变语言障碍为特征的语言生活状态，增强可持续性发展的语言能力。

6.5.2 建立汉藏-藏汉翻译服务专业人才数据库

一是大力发挥语言翻译服务路径功能，为推进基础教育阶段的国家通用语言文字运用环境创造条件。在运用汉语言的环境中，构建学校、家庭和社会三位一体的互动路径，以此国家通用语言文字运用氛围，促进语言障碍人群运用汉语言的积极主动性。在大力加强和推进教育体系的国家通用语言文字教学功能的同时，发挥公共文化服务体系的基础教育功能，以此调动家庭、学校和社会的良性互动；二是积极培养和储备具有国家通用语言文字运用能力和汉藏-藏汉翻译服务能力的师资力量；三是储备和建立具有国家通用语言文字运用能力和汉藏-藏汉翻译服务能力的专业人才资源库。

青藏地区自然灾害多，语言援助如果只是依赖地方资源，不足以满足应急之需。在国家通用语言文字全覆盖之前，需要未雨绸缪，事先建立汉藏-藏汉翻译服务的人才数据库，谋划语言援助预案，并及时跟踪和更新，以满足特定需求。这是突破路径依赖，提高语言障碍人群国家通用语言文字运用能力的重要举措。

6.6 编纂辞书对策

6.6.1 多层次汉藏-藏汉翻译服务辞书

虽然有数量可观的汉藏和藏汉翻译工具书,但远远不能满足客观需求。仅仅相对于藏文文献庞大的数量规模,其汉译所需辞书的供需缺口很大。仅各种术语而言,无论是数量还是质量,都亟须编纂一大批实用、有效、规范的辞书,这既是文化传播的需要,也是语言翻译服务规范化的需要。为此,应该组织专家从文化融合交流的需求出发,参照国内外辞书编纂的先进经验,编纂语言类汉藏-藏汉词典、专科类汉藏-藏汉词典和综合类大型汉藏-藏汉词典。而且,还要编纂单语词典和参考书,以补词典本身的许多不足之处。第一,词典不能包罗万象;第二,缺乏语境;第三,误差现象。单语词典有其属性:第一,解释详细全面,能帮助译者全面地理解词义;第二,语境,单语词典提供语言环境,能帮助译者区分细微差异;第三,误差少。

6.6.2 多种类载体辞书

俗话说:"工具一半人一半。"作为辞书对汉藏-藏汉翻译服务极其重要,能起到化生为熟,帮助理解;提供释义、帮助选择;提供参考,帮助引申;参谋顾问,帮助翻译;启发译者,抓好特色等作用,对语言翻译服务质量也起决定性作用。除了纸质载体的多层次汉藏-藏汉翻译服务辞书,还需要纸质载体的权威的有借鉴意义的各层次的多种类的参考资源,这些往往能帮助译者在理解原文时胸有成竹,在翻译措辞时得心应手。同时,需要电子载体的资源,以便为汉藏-藏汉翻译服务质量和水平,提供快捷方便的电子载体。

6.7 发挥效能评价的导向作用

汉藏-藏汉翻译服务体系既有特色功能,又有普适性功能。发挥汉藏和藏汉翻译服务推广普及国家通用语言文字的路径功能,需要基于载体,提供汉藏-藏汉翻译公共文化服务,解决语言援助困境,为国家通用语言文字提质增效铺路搭桥。为此,拓展图书馆等公共文化服务体系的汉藏和藏汉翻译服务功能,既是基于极端地理环境背景,也是突破路径依赖,实现汉藏-藏汉翻译服务体系社会效益最大化,实现汉藏-藏汉翻译服务路径的国家通用语言文字推广普及效能最大化的有效路径要求。

6.7.1 效能导向拓展载体功能

产业特征和生计模式决定了语言援助对象分布的结构性差异，决定了国家通用语言文字推广普及对象分布的结构性差异，决定了公共文化服务的结构性差异，决定了类似于图书馆的公共文化服务基础设施功能的区域特征和结构性差异，决定了国家通用语言文字推广普及路径拓展的区域性需求特征，决定了汉藏-藏汉翻译服务解决语言援助困境的区域性功能特征，决定了汉藏-藏汉翻译服务嵌入公共文化服务基础设施，推广普及国家通用语言文字路径功能区域性特征。这为解决语言障碍和消除信息差的效能导向的评价，创造了区域特征的供需载体和平台。同时，为引入市场竞争意识，突破传统的学习思维定式和行为模式，调动基层社会自觉提高汉藏-藏汉翻译服务能力积极性，在生产生活互动中学习和运用汉语言提供了最有效的达到实用、速成、普及的载体。这一模式更重要的是适合旅游产业多元的生计模式，其流动的特点可以创造全方位学习汉语言的契机，促进为了适应生计模式和生活模式的改变而自觉、积极学习国家通用语言文字。

6.7.2 政策激励良性互动的语言融合

突破路径依赖，走出教育对象单一的思维定式。从人力资源制度设计汉语言教育对象多元化的学习模式，激励汉藏-藏汉翻译服务为语言障碍人群提升国家通用语言文字能力创新载体；同时，出台切实可行的鼓励汉语言者学习藏语言的政策，突破藏语言者学习汉语言的路径依赖观念，以此互动融合的语言学习模式，突破语言障碍固守的语言封闭的环境。

青藏地区封闭的环境及其社会文明成熟度的局限，语言障碍人群突破固有的本民族语言习惯具有一定的限制；而汉语言开放的环境以及社会文明成熟程度，及多语种学习的经验和氛围，改变语言障碍封闭的思想观念和意识形态现状，是可预期的。而且藏语言学习已经不仅是语言学习的需要，更是政治安全、边疆安全和社会稳定的需要。有必要设计制度激励汉语言者学习藏语言的政策，以便创造国家通用语言文字环境，高效解决语言障碍和语言援助困境，改变语言封闭的现状。

6.8 小结

青藏地区基层或偏远地区的藏族，基本用本民族语言来交流。其他地区以使用民族语言为主，或成为转用其他民族语言的单语区。例如，河南蒙古族自治县通用语言是藏语，家庭用语或本民族内部交际用语通常采用的是蒙古语。此外的特定场合，如蒙古族和土族在与藏语言者交流，或举行宗教活动等场合，大多使用藏语言。

如海西蒙古族藏族自治州的藏-蒙、藏-土、藏-汉双语系统表现突出。即便是海东地区，有藏族聚居的地区，都有此区域性特征。例如，平安县藏沟乡郭尔村，其语言结构：第一，藏语为本民族语言。在家庭和村民等内部生产生活中，或与外界藏语言者沟通交流，以藏语为主；第二，汉语为主。与外界非藏语言民族沟通交流，或与附近政府、银行、医院、市场等相关人员沟通交流，以汉语为主要语言，而且大多为汉语言的方言。学生表现尤为突出，在学校接受教育、看电视、听广播等，大多接触普通话。此外，包括化隆县卡力岗等地在内，虽然是回族，但是以藏语为第一语言实现日常生产生活的信息传递。循化在内，有些回族乡村，因为民族分布结构差异，采取的是藏汉双语交流。有的撒拉族，兼通撒拉语和藏语，大多数能实现自如转换。比较突出的是教育系统的撒拉族干部，自小在藏族聚居区长大，而学习、工作却在黄河沿岸，所以，不同的场合会运用不同的语种，不同的语境运用不同方言。汉语言、藏语言、撒拉语言的自如转换，成为其个人丰富的语言资源。

河湟民族走廊等地，藏-汉、藏-蒙、藏-土、藏-孤岛语言（五屯话）等一些语言区，可见多民族多语种现象，藏语是其重要的交流工具。青藏地区，即便是同一民族，其语言也存在结构性差异。这一普遍现象，表现出汉藏-藏汉翻译服务的供需特色及汉藏-藏汉翻译服务体系的区域性特征。一分为二地看问题，汉藏-藏汉翻译服务体系所演绎的汉藏翻译服务为主的特征，可能也需要从藏汉翻译服务体系审视其对于国家通用语言文字推广普及的积极意义。越往基层，这个路径对于提效增速推广普及国家通用语言文字的积极的现实的意义可能会更加突出。乡村干部根据自己长期观察、体验，坦言"以不熟悉的文化（学习资料的农耕文化语境），汉语学习的效率不高，效果不理想"。相对这样的语言生活状态，汉藏和藏汉翻译服务体系及其服务，意味着地区之间、民族之间、文化之间的沟通交流多了一个路径，也意味着国家通用语言文字推广普及有了与语言障碍人群直接对接的语言环境和条件，因此，研究从公共文化服务体系的协调效应视角提出了对策和建议。

结论与展望

我国各民族之间的交流、交往、交融，离不开国家通用语言文字。不可否认，青藏地区有很大一部分的藏民族人群和其他民族的人群，因为没有掌握国家通用语言文字，不会讲汉语而存在语言障碍；也会由于汉藏-藏汉翻译服务的资源短缺，陷入语言援助困境；又由于语言障碍、语言援助困境而很多情况下出现思想观念障碍和认识困境，直接影响谋生而长期陷入财务不自由的困境，成为精准扶贫的对象。这一语言生活状况和经济生活状况的相关关系，反映了语言障碍和语言援助困境的消极影响，成为这个地区发展的直接障碍，也被称为这个地区显著的语言特征。

有些人不能理解这个现象是因为其没有来过这片土地，对这片土地语言障碍的诸多消极影响没有深刻的体验。这些认识，很大程度上洞察不到这一语言生活状况所演绎的极端自然环境所孕育的极端禀赋资源与生存模式、传统观念、风俗习惯、习得行为、村规民约、民俗民风的关系；体会不到语言障碍和语言援助困境所诠释的人际关系的封闭、大产业理念意识的封闭、教育理念的封闭，与自然环境一样封闭的语言环境的关系；意识不到国家通用语言文字的稀缺与文化教育资源匮乏，以及与大教育思想稀缺的关系；领悟不到汉藏-藏汉翻译服务路径与国家通用语言文字提质增效的关系，以及与国家安全、社会稳定、社区治理的关系。

那些在这片土地上生活过的人们，那些真真实实深入基层的人们，西部大开发的参与者、城镇化的参与者、精准扶贫的参与者，那些对口支援的参与者、援建的参与者、深度旅游的人们，那些玉树地震灾害公共救援的参与者，能够真真切切体验到语言障碍及语言援助困境时时刻刻带来的消极影响，能够感触到国家通用语言文字对这片土地的积极意义和价值及历史演进影响的深刻性。

有人认为国家通用语言文字长期的推广普及、汉藏-藏汉翻译服务应该能解决语言障碍和语言援助困境。然而，这些认识却忽略了真正的语言障碍和语言援助困境却存在于教育所顾及不到的层面和这个层面的体量大小的客观现实；也忽略了汉藏-藏汉翻译服务资源的稀缺与结构性资源优化的倾向，虽然可以满足以往的汉藏翻译服务需求，却满足不了日益增长的增质提效的需求；也是忽略了信息化时代和我国信息化进程打破了自然环境的封闭，为这个地区提升汉语言能力创造了开放环境和无形的时空条件的时代背景及其作用。

随着时代进步、市场化、现代化，这个地区对国家通用语言文字的认识、认同在不断提高。语言障碍和语言援助供需矛盾使国家通用语言文字的地位不断凸显，上升到关键问题、战略问题、政治问题，也是基层问题。国家通用语言文字全覆盖对这个地区语言扶志（智）脱贫的作用，直接通过收入反映出因此而转变了观念、意识、思想、心理，提高了汉语言能力与就业能力、生存能力正相关关系的认知。这关乎民生，也成为汉藏-藏汉翻译服务的必然。

基于地理环境论可知，公共文化服务需求具有区域特征，各个区域各有特色，自成微观体系，需要有相应的体系供给特色服务。国家层面的宏观公共文化服务体系的特点在于对共性需求的满足，难以充分满足个性需求。青藏地区因为民族结构差异，语言的结构性差异是客观存在的，需要充分满足共性需求的基础上满足个性差异的需求，在满足个性特色需求的基础上充分提升共性需求满足的程度。为此，在其他条件一定的情况下，实现各民族之间的文化交流和信息对称，取决于国家通用语言文字提供的语言无障碍沟通的前提条件。汉藏和藏汉翻译服务，通过其体系资源有利于拓宽汉语言推普的路径，有利于克服语言障碍，摆脱语言援助困境。基于成本理论，公共文化服务体系是为了满足全国普遍存在的需求的制度设计，往往难以覆盖且也难以满足区域性多层次、多元化的公共文化服务需求，尤其难以满足滞后于整体发展的局部的参差不齐的，却又能使整体有特色的需求。所以，需要具有特色的公共文化服务体系，以保障提供跨越语言障碍和破解援助困境的藏汉翻译服务；基于权变理论可知，公共文化服务体系固有的局限性，因为始终存在的公共文化服务体系的静态特征和语言翻译服务的动态特征的错位，与区域性特征的公共文化服务供需错位，凸显汉藏-藏汉翻译服务体系供给的失衡，造成语言障碍和语言翻译援助服务的供需矛盾，以及信息不对称现象。这就决定了"逐步形成覆盖全社会的比较完备的公共文化服务体系"应该包含解决语言障碍，摆脱语言援助困境的汉藏和藏汉翻译服务体系，以优化汉藏-藏汉翻译服务体系，提供满足该地区城乡居民对信息同步需求的语言服务。

结论与展望

　　青藏地区的语言翻译服务，大多为汉藏-藏汉互译的公共文化服务过程。其中，汉语或藏语都有其自身的结构性差异的语言现状。虽然有藏汉翻译的服务，但是，更多的侧重点在于主流的公共文化服务。这也是长期以来，国家投入大量资源对单语种语言环境进行结构性调整的模式。正因如此，人们主观地认为这个地区的汉语言普及程度已然全面覆盖，即便是学术界，没有接触过基层本民族语言为单语种的语言生活状况的学者，也会根据汉语普及的国家政策实施的长期性，各种有关讲普通话和写规范汉字项目实施的考评结果，以及教育体系推普国家通用语言文字的效果认为，汉语普及的广泛性和深度已然解决了语言障碍。在这一主观认识的固化思维模式下，注重有形资源的投入，忽略汉藏-藏汉翻译这一公共文化服务的需求，忽略需求的充分性和适当性，忽略语言翻译资源投入的预判和及时性。人们通常意义上的无障碍语言环境、信息对称、高效救援模式的认识与这个地区实际存在矛盾的逻辑关系，为推普模式及其绩效与实际供需关系提供了研究的空间。

　　现有的翻译服务体系所提供的汉藏和藏汉翻译语言服务，不仅在推广普及国家通用语言文字方面，而且在国家大政方针供给过程中克服语言障碍方面，发挥了积极的作用；但还是难以满足语言障碍人群的语言翻译的服务需求。为此，优化汉藏-藏汉翻译服务体系，为解决公共文化服务共性供需与个性供需矛盾创造国家通用语言文字的环境，这是解决该地区信息不对称问题的基础条件。所谓创造条件，即以汉藏和藏汉翻译服务体系为深层次推广普及国家通用语言文字创造条件；讲普通话，写规范汉字，为满足沟通所需，解决语言障碍和破解语言援助困境创造条件；从而为实现国家公共文化服务体系全覆盖及其公共文化服务供需一致，满足生计对信息对称的需求创造条件。

　　国家公共文化服务体系运行的效能，取决于各区域实际执行效能，执行过程是一个具体而复杂的操作过程。长期以来，自上而下的行政管理公共文化服务体系在青藏地区运行的特点是以供定需的模式，这一模式贯彻的基本条件需要汉语言文字的保障，国家通用语言文字的推广普及使保障变为现实。其中，汉藏-藏汉语文翻译服务体系发挥了重要作用。从另一个方面，这一体系也决定了汉藏-藏汉语言翻译服务体系的运行特点。这一体系从机构设置、制度和理论设计到人力资源配备，都是以发挥汉藏和藏汉翻译服务供给功能以普及推广国家通用语言文字为目的。但是实际执行过程中，即便汉藏翻译服务供给，都难以满足日益增长的需求，供需不平衡日益突出。研究起到抛砖引玉的作用，期望能够引起学术和政策足够的关注，优化并拓宽国家通用语言文字推广普及的路径，多、快、好、省地提高语言障碍人群的汉语言能力，使其走出封闭的自然环境，走出封闭的语言环境，走出封闭的思想观念环境。

后 记

如果我们偶尔遇到一种现象，可能当时并不会在意。而当这种现象在昨天、今天于不同地方反复遇到，就会引发好奇心，久而久之，这种现象便会成为关注的选题。语言障碍犹如记忆中的大雪封山，是青藏地区显著的标签。因此，如何走出语言封闭，便成了我们十多年来一直在讨论的话题。当时粗浅的认识渐行渐近，在语言障碍人群通过国家通用语言文字推广普及来不断提高语言效能的过程中，在语言翻译援助中感知汉语言积极作用和提升汉语言熟悉程度的过程中才成就了今天的成果。

国家通用语言文字和语言翻译服务的关系在解决语言障碍中，诸如在医院就诊的过程中自觉形成的翻译人员和病人与医生的组合可窥见一斑。仅就看病这个过程而言，由语言障碍可能产生的信息差所导致的后果是可预见的；同时，语言翻译服务消除信息差的功能也是可预见的；而且，语言翻译服务对汉语言熟悉程度提高的积极功能也是可预见的。最直观的表现就是在基层农牧区会说普通话的人，不仅能为村民的交流搭建语言桥梁，而且会被视为村里的能人，从而获得更多的资源，这是非常值得自豪的事情。同时，也因此起到正面示范效果，更多的会汉语言的人，会自觉积极地参与语言援助以帮助他人。尤其在紧要关头，有效的语言翻译援助会起到破冰解冻的积极作用，这是有目共睹，不容忽视的路径功能。因此，汉语言的普及和语言援助，对于防范安全风险有着更深层的意义。

语言障碍是相对而言的，尤其相对于通用语言文字而言。如果只会讲本民族语言，就有可能出现这种语言现象。这在青藏地区表现得比较突出，也比较集中，特别是在基层、在牧区。而这种语言现象随着时代的演进，随着需求层次的提高，其消极作用会越来越多。因此，如何摒除消极影响，多、快、好、省地跨越语言障碍，对于语言障碍人群而言，是实现可持续性精准脱贫和高质量生活的难题，也是这个地区与时俱进中亟待研究和解决的问题。毋庸置疑，推广普及普通话和规范汉字，提质增效汉语言能力，实现国家通用语言文字全覆盖是最有效而直接的路径。现实中，无论是精英层，还是基层的农牧民，都在尝试着这一路径，以便能够使自己以汉语言能力的自信融入市场，获得更多的发展能量，拥有更广阔的发展前景。但有一部分语言障碍人群，需要借助语言翻译服务铺路搭桥才能更快捷地融入国家通用语言文字推广普及、提质增效的大环境中，这也是选题突破路径依赖实现国家通用语言文字全覆盖的间接路径。

  除了实践的启示，选题的确定也得益于和仁增教授长期调研、反复讨论、探究实验的结果。2009年我们在青藏地区做调研的时候，首先遇到的问题就是语言障碍；2010年，玉树发生地震灾害，如同人们在救援中遇到语言障碍一样，灾后重建中的调研也同样因为语言障碍而寸步难行。在城镇化背景的生存成本及精准扶贫核心能力的调研中，遇到的还是语言障碍问题，而且其导致的消极影响暴露得更加明显。也正是这一脉络所提供的真实感知，我们一路走来所观察体验到的国家通用语言文字推广普及绩效及其积极影响和语言翻译服务的客观要求，越发清晰了跨学科从语言翻译服务研究推广普及普通话的多元化路径，试图以此精准路径凭借公共文化服务体系为国家通用语言文字全覆盖铺路搭桥。并通过此路径，帮助这部分语言障碍人群能够跨越语言屏障，使他们在日常生产生活中看病不再需要翻译人员的陪伴，上学能自信地坐在教室的前排，就业不惧竞争，通过奠定汉语言基础实现可持续性精准脱贫；为优化家庭生存成本结构，乡村治理、行政管理和公共服务成本结构，提供语言环境。本书从不同的视角抛砖引玉，侧重从国家通用语言文字推广普及路径概述语言援助在其中的功能；同时，仁增教授则侧重从专业角度具体化其中的藏汉翻译公共文化服务解决语言障碍的路径功能，强调藏汉翻译援助的协同功能。在此，非常感谢仁增教授独到的观点，共享的专业资料为研究提供了翔实的依据。也由衷感谢家人们的支持，感谢张红云、王建还、赵思思、程祺景、王丹、杨涛涛、卢玉玲、朱洁等师生朋友一起感知了这片土地最具特色的语言文化。最后，感谢学校给予的平台，感谢各职能部门给予的支持。

参考文献

一、国外文献

[1] Catford. J. C. A Linguistic Theory of Translation: An Essay in Applied Linguistics [M]. Oxford/London: Oxford University Press, 1965.

[2] Kelly, L. G. The True Interpreter: A History of Translation Theory and Practice in the West [M]. Oxford: Basil Blackwell, 1979.

[3] Hermans, Theo (ed.) The Manipulation of Literature, Studies in Literary Translation [M]. London, Sydney: Croom Helm, 1985.

[4] Homel, David, Sherry Simon (ed.) Mapping Literature: the Art and Politics of Translation [M]. Montreal: Vehicule Press, 1988.

[5] Holmes, James S. Translated! Papers on Literary Translation and Translation Studies [M]. Amsterdam: Rodopi, 1988.

[6] Newmark, Peter. A Textbook of Translation [M]. New York: Prentice-Hall International, 1988.

[7] Hewson, Lance, Jacky Marlin. Redefining Translation——the Variational Approach [M]. London and New York: Routledge, 1991.

[8] Baker, Mona. In Other Words, A Coursebook on Translation [M]. London and New York: Routledge, 1992.

[9] Lefevere, Andre (ed.) Translation/History/Culture, A Sourceboo [M]. London and New York: Routledge, 1992.

[10] Lefevere, Andre. Translating Literature, Practice and Theory in a Comparative Literature Context [M]. New York: The Modern Language Association of America, 1992.

[11] Gile, Daniel. Basic Concepts and Models for Interpreter and Translator Training [M]. Amsterdam/Philadelphia: John Benjamins Publishing Company, 1995.

[12] Johnston, David (Introduced and Edited.) Stages of Translation [M].

Bath: Absolute Classics, 1996.

[13] Chesterman, Andrew. Memes of Translation: The Spread of Ideas in Translation Theory [M]. John Benjamins Publishing Company, 1997.

[14] Fawcett, Peter. Translation and Language, Linguistic Theories Explained [M]. Manchester: St Jerome Publishing, 1997.

[15] Flotow, Luise von. Translation and Gender, Translating in the "Era of Feminism" [M]. Manchester: St. Jerome Publishing, 1997.

[16] Hatim, Basil, MASON, Ian. The Translator as Communicator [M]. London and New York: Routledge, 1997.

[17] Baker, Mona (ed.) Routledge Encyclopedia of Translation Studies [M]. London and New York: Routledge, 1998.

[18] Bassnett, Susan, Lefevere, Andre. Constructing Cultures: Essays on Literary Translation [M]. Clevedon: Multilingual Matters, 1998.

[19] Katan, David. Translating Cultures: An Introduction for Translators, Interpreters and Mediators [M]. Manchester: St. Jerome Publishing, 1999.

[20] Hermans, Theo. Translation in Systems, Descriptive and Systemic Approaches Explained [M]. Manchester: St Jerome Publishing, 1999.

[21] Gutt, Ernst-August. Translation and Relevance: Cognition and Context [M]. Manchester: St. Jerome Publishing, 2000.

[22] Gentzler, Edwin. Contemporary Translation Theories [M]. (Second Revised Edition) Clevedon: Multilingual Matters LTD, 2001.

[23] Davis, Kathleen. Deconstruction and Translation [M]. Manchester: St. Jerome Publishing, 2001.

[24] Hatim, Basil. Teaching and Researching Translation [M]. New York: Longman, 2001.

[25] Chesterman, Andrew, WAGNER, Emma. Can Theory Help Translators? A Dialogue Between the Ivory Tower and the Wordface [M]. Manchester: St. Jerome Publishing, 2002.

[26] Frank Marini. Toward a new public administration: The Minnowbrook perspective [M]. Chandler Publishing Company, 1971.

[27] Richard Abel Musgrave, & Peggy B. Musgrave. Public Finance in Theoey and Practice [M]. McGraw-Hill Book Company, 1989.

[28] Dennis·C·Mucller. Public Choice [M]. Second Ed Cambridge University Press, 1989.

[29] B·Guy Peters. The Future Of Goverming: Four ngineening [M]. Modckck Univerisity press Of knsas, 1996: 28.

[30] Richard Abel Musgrave, & Peggy B. Musgrave. Public Finance in Theoey and Practice [M]. McGraw-Hill Book Company, 1989.

[31] [美] 阿里·哈拉契米.政府业绩与质量测评:问题与经验 [M]. 广州:中山大学出版社,2003.

[32] [美] J. V. 登哈特, R. B. 登哈特著, 丁煌译. 新公共服务: 服务, 而不是掌舵 [M]. 北京: 中国人民大学出版社, 2004.

[33] 斯蒂芬·戈德史密斯, 威廉·D·埃格斯著, 孙迎春译. 网络化治理: 公共部门的新形态 [M]. 北京: 北京大学出版社, 2008.

[34] 莱斯特·M.萨拉蒙.公共服务中的伙伴——现代福利国家中政府与非营利组织的关系 [M]. 北京: 商务印书馆, 2008.

[35] 戴维·奥斯本, 特德·盖布勒著, 周敦仁等译. 改革政府——企业家精神如何改革着公共部门 [M]. 上海: 上海译文出版社, 2010.

[36] 珍妮特·V·登哈特, 罗伯特·B·登哈特. 新公共服务: 服务, 而不是掌舵 [M]. 北京: 中国人民大学出版社, 2010.

[37] 戴维·奥斯本彼得·普拉斯特里克著, 刘霞译. 再造政府 [M]. 北京: 中国人民大学出版社, 2010.

[38] 珍妮特.登哈特.新公共服务: 服务而非掌舵 [M]. 北京: 中国人民大学出版社, 2010.

[39] B·盖伊·彼得斯.政府未来的治理模式 [M]. 北京: 中国人民大学出版社, 2017.

[40] Paul A. Samuelson, The Pure Theory of Public Expenditure [J]. The Review of Economics and Statistics, 1954 (4): 389-387.

[41] Christopher Pollitl Joined-up Government: A Survey [J]. Political Studies Review, 2003 (1): 35-45.

[42] Hood, C. &Peters, B. G. The middle aging of new public management: Into the ageof paradox? [J] Journal of Public Administration Research and Theory, 2004 (3): 268-280.

[43] O'Leary, R. Gerard, C. & Bingham, L. B. Introduction to the symposi-

um on collaborative public management [J]. Public Administration Review, 2006 (s1): 7-8.

[44] Perri. Joined-Up Government in the Western World in Comparative Perspective: A Preliminary Literature Review and Exploration [J]. Journal of Public Administration Research and Theory, 2004, 14 (1): 109-135.

二、国内文献

（一）著作

[1] 玉多·云登贡布. 四部医典 [M]. 西藏人民出版社, 1982.

[2] 郭和卿译. 西藏王臣记 [M]. 民族出版社, 1983.

[3] 第五世达赖喇嘛阿旺洛桑嘉措著, 郭和卿译. 西藏王臣记 [M]. 民族出版社, 1983.

[4] 桑杰坚赞著, 刘立千译. 米拉日巴传 [M]. 四川民族出版社, 1984.

[5] 萨迦·索南坚赞著, 陈庆英, 仁庆扎西译注. 王统世系明鉴 [M]. 辽宁人民出版社, 1985.

[6] 宗喀巴. 菩提道次第广论 [M]. 青海民族出版社, 1985.

[7] 萨迦·索南坚赞著, 陈庆英, 仁钦扎西译. 王统世系明鉴 [M]. 辽宁人民出版社, 1986.

[8] 蔡巴·贡嘎多吉著, 陈庆英, 周润年译. 红史 [M]. 西藏民族出版社, 1988.

[9] 阿旺贡噶索南著, 陈庆英等译. 萨迦世系史 [M]. 西藏人民出版社, 1989.

[10] 恰白·次旦平措等著, 陈庆英等译. 西藏通史·松石宝串 [M]. 西藏古籍出版社, 1989.

[11] 王贵. 藏族人名研究 [M]. 民族出版社, 1991.

[12] 王尧, 陈践译注. 敦煌本吐蕃历史文书 [M]. 民族出版社, 1992.

[13] 武振华. 西藏地名 [M]. 中国藏学出版社. 1996.

[14] 索南坚赞著, 刘立千译. 西藏王统记 [M]. 民族出版社, 2002.

[15] 宗喀巴著, 法尊译. 菩提道次第广论 [M]. 青海民族出版, 2004.

[16] 恰白·次旦平措等著, 陈庆英等译. 西藏通史·松石宝串 [M]. 西藏古籍出版社, 2004.

[17] 恰白·次旦平措等著, 陈庆英等译. 西藏通史 [M]. 西藏古籍出版

社，2004.

[18] 赤烈曲扎译.八大传统藏戏［M］.中国藏学出版社，2006.

[19] 兰仁巴大师著.多识译.菩提道次第：心传录［M］.甘肃民族出版社，2006.

[20] 侃本.汉藏经翻译比较研究［M］.中国藏学出版社，2008.

[21] 赞拉·次成，佘万治译.藏族史·奇乐明镜［M］.民族出版社，2010.

[22] 娘吉合.黄南州地名文化释义［M］.甘肃民族出版社，2011.

[23] 东主才让.藏语方言调查与研究［M］.中国藏学出版社，2011.

[24] 金东柱.苯教古文献《黑头凡人的起源》之汉译及其研究［M］.青海民族出版社，2013.

[25] 李万瑛，达哇才让.西藏自治区行政村名及寺院山川名（汉藏对照）［M］.民族出版社，2016：607.

[26] 陈威.公共文化服务体系研究［M］.深圳报业集团出版社，2006.

[27] 李景源，陈威.中国公共文化服务发展报告［M］.社会科学文献出版社，2009.

[28] 陈昌盛，蔡跃洲.中国政府公共服务：体制变迁与地区综合评估［M］.中国社会科学出版社，2007.

[29] 李俊清.变革与繁荣：民族地区公共管理的问题与挑战［M］.人民出版社，2009.

[30] 张立荣，江易华.当代中国县级政府基本公共服务绩效评估指标体系的理论构建与实证研究——基于社会公正的视角［M］.中国社会科学出版社，2010.

[31] 姜晓萍.建设服务型政府与完善地方公共服务体系［M］.中央编译出版社，2015.

[32] 张永新.公共文化服务的社会化发展：基本内涵、理论基础和实现路径［M］.社会科学文献出版，2015.

[33] 于平，傅才武.中国文化创新报告：文化创新蓝皮书（2015）NO.6［M］.社会科学文献出版社，2015.

（二）期刊

[1] 高丙辰.藏文藻饰词浅说——兼谈藏语的同义词［J］.民族语文，1980（1）：45-50.

[2] 普日科.目前藏译汉中存在的若干问题之我见［J］.民族译坛.1991

(1)：35-36.

[3] 敏学.藏文译汉文中的几个音译问题初探[J].西藏研究，1983 (4)：49-51.

[4] 角巴东主.略论《格萨尔王传》中有关专用名词的翻译问题[J].青海民族研究，1993（3）：78.

[5] 周季文.谈《仓央嘉措情歌》的汉译[J].民族语文，1985（1）：51-57.

[6] 周季文.藏译汉中的音译问题[J].民族语文，1987（3）：33-37.

[7] 周季文.藏族文学作品汉译与翻译标准浅谈[J].民族译坛，1989 (9)：38-45.

[8] 俄仓巴·卓玛东珠，刘海青.藏药名称汉译问题小议[J].中国藏学，1995（4）：114-115.

[9] 卓玛才让.藏语藻饰词误译示例[J].中国藏学，1996（1）：150-151.

[10] 国家语言文字工作委员会政策法规室.国家语言文字政策法规汇编（1949-1995）[Z].北京：语文出版社，1996.

[11] 耿显宗.谈谈藏语地名汉译用字的问题[J].青海民族研究，1996 (1)：60-62.

[12] 武振华.藏语地名的汉字译写与音译转写问题[J].青海民族学院学报社会科学版，1998（3）：53.

[13] 蒲文成.汉译藏文文献中的几个问题[J].民族译丛，1998（4）.

[14] 何宗英.再谈《西藏通史》汉译本中的译校问题——写在《西藏通史》汉译修订版出版之前[J].西藏研究，2001（3）：4.

[15] 扎雅·洛桑普赤.从语言哲学的角度思考藏汉互译的可能性问题[J].西藏研究，2003（3）：75-79.

[16] 旦正措.赂谈《米拉日巴传》汉译本中的译误[J].青海民族大学学报（藏文版），2004（1）30-42.

[17] 赤公·奥见才让.浅谈藏汉翻译中自由虚词的译法[J].西藏研究，2007（4）.

[18] 俄仓巴·卓玛东珠.关于《汉藏对照词典》部分藏药词条的商榷[J].中国藏学，2007（3）：147-148.

[19] 古格·其美多吉.藏文文献汉译中有关地名的统一和规范化问题[J].西藏研究，2007（4）：80-91.

[20] 加样却卓.《格萨尔王传》汉译本之部本名、人名、城堡名的统一

问题 [J].西藏研究，2007（1）.

[21] 尕藏卓玛.浅谈藏族人名的文化含义及其翻译原则 [J].西北民族大学学报（哲学社会科学版），2008（5）：115-116.

[22] 仲伟合，穆雷.翻译专业人才培养模式探索与实践 [J].中国外语，2008（1）：5.

[23] 王巨荣.试论藏文公文文献翻译需遵循的几个原则 [J].中国藏学，2009（1）：184-185.

[24] 葛瑞·塔特尔.二十世纪初藏传佛教汉译研究 [J].汉藏之间的佛教，2009.

[25] 罗爱军等.西藏汉藏翻译队伍状况调查与分析 [J].西藏科技，2010（5）：21.

[26] 塔措.浅析汉藏文化空缺的翻译 [J].藏语文工作，2012（2）.

[27] 储著武.关于民族语文翻译人才队伍建设理论与实践的几个问题 [J].黑龙江民族丛刊，2012（1）：138-140.

[28] 加羊达杰.《敦煌本吐蕃历史文书·赞普传记》汉译本散文部分的若干翻译问题 [J].民族翻译，2012（3）：30-33.

[29] 周庆生.中国"主体多样"语言政策的发展 [J].新疆师范大学学报（哲学社会科学版），2013，34（2）：33-40.

[30] 达哇才让.新中国成立以来藏语言文字政策演变及藏语文翻译工作发展现状研究——以西藏自治区和青海省为例 [J].民族翻译，2014（2）：83.

[31] 黄行.当前我国少数民族语言政策解读 [J].中南民族大学学报（人文社会科学版），2014（6）：9-11.

[32] 多吉尔.嘉绒藏区语言研究 [J].中国藏学，2015（4）：153-156.

[33] 陈立鹏，李海峰.民汉双语教育：从顶层设计至基层管理 [J].民族教育研究，2016（4）：6-8.

[34] 李宇明，黄行，王晖."推普脱贫攻坚"学者谈 [J].语言科学，2018（4）：359-366.

[35] 李郭倩.改革开放40年来我国双语教育政策的回顾与前瞻 [J].民族教育研究，2018（5）：18-22.

[36] 马永全.新中国70年来国家通用语言文字教育政策变迁 [J].河北师范大学学报（教育科学版），2019（2）：72-73.

[37] 王春辉.中华人民共和国语言扶贫事业七十年［J］.云南师范大学学报（哲学社会科学版），2019（4）：34-37.

[38] 杨佳.我国国家通用语普及能力建设70年：回顾与展望［J］.云南师范大学学报（哲学社会科学版），2019（5）：42-45.

[39] 张华娜，张雁军.精准扶贫视角下西藏普及国家通用语言文字存在的问题及对策研究［J］.西藏研究，2020（1）：117-120.

[40] 青觉，吴鹏.国家通用语言文字教育：多民族国家认同建构的基础性工程［J］.贵州民族研究.2020（9）：175-179.

[41] 尤陈俊.国家能力视角下的当代中国语言规划与语言立法——从文字改革运动到《国家通用语言文字法》［J］.思想战线，2021（1）：133-140.

[42] 王浩宇.流动视域下国家通用语言文字教育与中华民族共同体建设［J］.统一战线学研究，2021（1）：15-22.

[43] 李瑞华，海路.增能理论下少数民族地区普及国家通用语言的增能效应研究——基于青海民族地区推普脱贫的案例分析［J］.民族学研究，2021（2）：48-53.

[44] 王海波，苗东霞.少数民族农牧民的国家通用语移动学习研究——以哈萨克农牧民为例［J］.民族教育研究，2021（4）：52-55.

[45] 韩铁刚，王阿舒.民族地区国家通用语言文字教育：理论逻辑与实践路径［J］.民族教育研究，2022（2）：110-113.

[46] 姜昕玫.民族地区国家通用语言文字协同推广的机理与路径［J］.民族教育研究，2022（2）：117-121.

[47] 柳云飞，周晓丽.传统公共行政、新公共管理和新公共服务理论之比较研究［J］.前沿，2004（4）：171-173.

[48] 扎洛.西藏农区村级组织及其公共服务供给［J］.中国西藏，2005（1）：18-19.

[49] 葛继红，王玉霞.当前农村公共文化建设研究——基于加强政府供给角度［J］.生产力研究，2009（4）：22-23.

[50] 毛少莹.深圳公共文化服务实践与中国公共文化服务模式创新［J］.南方论丛，2009（4）：61-67.

[51] 顾金孚.农村公共文化服务市场化的途径与模式研究［J］.学术论坛，2009（5）：173-175.

[52] 姜海英，佟阿伟.农村基层公共文化服务体系建设情况调查［J］.图

书馆学研究，2009（11）：65-66.

[53] 刘俊生.公共文化服务组织体系及其变迁研究——从旧思维到新思维的转变[J].中国行政管理，2010（1）：40-42.

[54] 邱冠华，于良芝，李超平，高文华，屈义华.公共图书馆的设置与体系建设研究[J].中国图书馆学报，2010（2）：17-22.

[55] 李灵风.公民文化权利与档案馆公共文化服务[J].山西档案，2010（2）：20.

[56] 曹爱军，方晓彤.新农村公共文化服务系统构建研究[J].农村经济，2010（2）：37.

[57] 李少惠，王苗.农村公共文化服务供给社会化的模式构建[J].国家行政学院学报，2010（2）：45-47.

[58] 张云峰，郭翔宇.建设农村公共文化服务体系的长效机制[J].学术交流，2010（3）：186-187.

[59] 孔进.我国政府公共文化服务提供能力研究[J].山东社会科学，2010（3）：123-126.

[60] 朱旭光，郭晶.双重失灵与公共文化服务体系建设[J].经济论坛，2010（3）：58-59.

[61] 陈波，胡小红.我国区域公共文化服务体系的实践模式及发展趋势[J].江汉大学学报，2010（3）：70-71.

[62] 孔进.我国政府公共文化服务提供能力研究[J].山东社会科学，2010（3）：123-127.

[63] 刘文俭.公民参与公共文化服务体系建设对策研究[J].行政论坛，2010（3）：81-82.

[64] 付春.新农村公共文化服务体系建设及其基本思路[J].农村经济.2010（4）：106-107.

[65] 周晓丽.农村公共文化服务：问题与对策分析[J].理论月刊，2010（5）：177-178.

[66] 陈寒松，张文玺.权变管理在管理理论中的地位及演进[J].山东社会科学，2010（9）：106-107.

[67] 康丽雯.欠发达地区农民公共文化服务问题研究——以甘南藏族自治州夏河县农家书屋建设与实践为例[J].东南传播.2010（10）：127-128.

[68] 夏国锋，吴理财.公共文化服务体系研究述评[J].理论与改革，

2011 (1): 158-159.

[69] 孙健.西北民族地区农村公共文化服务体系的完善——以青海为例 [J].青海社会科学, 2011 (2): 60-62.

[70] 刘文玉, 刘先春.农民工公共文化服务的缺失及其原因探析 [J].兰州学刊, 2011 (5): 202.

[71] 高福安, 刘亮.国家公共文化服务体系建设现状与对策研究 [J].现代传播 (中国传媒大学学报), 2011 (6): 2-4.

[72] 金家厚.公共文化机构绩效评估及其机制优化 [J].重庆社会科学, 2011 (11): 20-23.

[73] 罗云川, 张彦博, 阮平南."十二五"时期我国公共文化服务体系建设研究 [J].图书馆建设, 2011 (12): 5-9.

[74] 张立荣.加快服务型政府建设的对策与建议——基于东部、中部、西部和东北地区调研的系统思考 [J].人民论坛, 2011 (20): 26-28.

[75] 吴理财.公共文化服务机制的六个特性 [J].人民论坛, 2011 (30): 38-39.

[76] 齐勇锋, 李平凡.完善公共文化服务体系提高国家文化软实力 [J].中国特色社会主义研究, 2012 (1): 66-70.

[77] 刘晓珂, 孙浩.善治视角的农村公共文化服务供给模式 [J].学习月刊, 2012 (1): 28.

[78] 刘晓珂, 孙浩.善治视角的农村公共文化服务供给模式 [J].学习月刊, 2012 (1): 27.

[79] 申亮.基于演化博弈的我国公共文化服务供给模式研究 [J].珞珈管理评论, 2012 (2): 212-215.

[80] 彭飞.以创建公共文化服务体系示范区为契机, 适时转变县区公共图书馆的办馆理念 [J].公共图书馆, 2012 (2): 25.

[81] 张楠.纵横结构的公共文化服务体系模型建构 [J].浙江社会科学, 2012 (3): 100-103.

[82] 李少惠, 余君萍.西方公共文化服务体系综述及其启示 [J].图书馆理论与实践, 2012 (3): 18-20.

[83] 张良.政府主导、社会参与、市场配置: 农村公共文化服务体系建设的理想模式 [J].理论与现代化, 2012 (4): 26-29.

[84] 宋新潮.公共文化服务体系与博物馆免费开放 [J].东南文化, 2012

（4）：7-8.

［85］李少惠,张丹.甘南藏区农牧民公共文化需求及其特征分析［J］.甘肃社会科学,2012（5）：217-218.

［86］凌立,曾义.藏区文化差异与和谐社会构建——以康巴藏区及甘孜藏族自治州为例［J］.中央民族大学学报,2012（5）：10-12.

［87］马雪松,张贤明.公共文化服务体系建设：功能预期、价值取向与路径选择［J］.探索,2012（6）：115-117.

［88］袁永.全区公共文化服务体系建设工作会议召开［J］.内蒙古宣传思想文化工作,2012（7）：49.

［89］吴平,蒋飞海.新形势下社区公共服务多元化供给模式探索［J］.人民论坛,2012（20）：18-19.

［90］姚秀敏,樊会霞.我国公共文化服务体系中农家书屋可持续发展的思考［J］.图书馆学研究,2012（22）：93-95.

［91］胡智锋,杨乘虎.免费开放：国家公共文化服务体系的发展与创新［J］.清华大学学报,2013（1）：140-145.

［92］王洛忠,李帆.我国基本公共文化服务：指标体系构建与地区差距测量［J］.经济社会体制比较,2013（1）：186-189.

［93］夏洁秋.文化政策与公共文化服务建构［J］.同济大学学报,2013（1）：63-65.

［94］赵玲,李嘎欧.云南藏区公共文化服务模式探析［J］.云南行政学院学报.2013（2）：73-74.

［95］赵玲,李嘎欧.云南藏区公共文化服务模式探析［J］.云南行政学院学报,2013（2）：71-72.

［96］牛佳,李双元.青海藏区基本公共服务现状调查［J］.开发研究.2013（2）：140.

［97］张琳娜,朱孔来.国内外公共文化服务研究现状评述及未来展望［J］.西安财经学院学报,2013（3）：125-127.

［98］李少惠.民族传统文化与公共文化建设的互动机理——基于甘南藏区的分析［J］.西南民族大学学报,2013,34（9）：31-33.

［99］李少惠.民族传统文化与公共文化建设的互动机理——基于甘南藏语区的分析［J］.西南民族大学学报,2013（9）：37-40.

［100］马艳霞.公共文化服务供给模式研究综述［J］.图书情报工作,

2013（23）：139-141.

　　[101] 巩村磊.农村公共文化服务体系构建的价值取向及其现实意义[J].理论学刊，2014（1）：102-103.

　　[102] 李霞.计划与调查——民族社会工作介入武陵山片区公共文化服务的思考[J].广西民族研究，2014（1）：117-120.

　　[103] 杨泽喜，陈继林.国家公共文化服务体系价值分层论[J].湖北行政学院学报，2014（1）：76-78.

　　[104] 梁立新.公共文化服务多元参与机制创新研究[J].学术交，2014（2）：193-194.

　　[105] 赵迎芳.国外公共文化服务体系建设及其对山东的启示[J].东岳论丛，2014（4）：186-188.

　　[106] 罗剑.民族地区现代公共文化服务体系建设的思考[J].中共贵州省委党校学报，2014（5）：84-86.

　　[107] 徐双敏，宋元武.农民公共文化服务需求的区域差异性[J].湖北行政学报，2014（5）：39-41.

　　[108] 林炜，杨连生.边疆少数民族地区农村公共文化建设研究[J].贵州民族研究，2014（10）：48-49.

　　[109] 胡春晓，王璐.贫困地区公共文化服务体系建设的调查与对策建议——以江西省永新县为调查点[J].老区建设，2014（22）：25-26.

　　[110] 柯平，宫平，魏艳霞.我国基本公共文化服务研究评述[J].国家图书馆学刊，2015（2）：11-15.

　　[111] 赵金科，周新辉.近年来农村公共文化服务体系建设研究综述[J].社科纵横，2015（2）：36-37.

　　[112] 胡税根，李倩.我国公共文化服务政策发展研究[J].华中师范大学学报，2015（2）：45-50.

　　[113] 李少惠.甘南藏区农村公共文化服务的主体困境分析[J].图书与情报，2015（4）：134-137.

　　[114] 高宁宁，周新辉.十八大以来我国公共文化服务体系建设研究述评[J].重庆理工大学学报，2016（1）：108-110.

　　[115] 苗美娟，刘兹恒.近五年我国公共文化服务研究综述[J].图书馆论坛.2016（2）：36.

　　[116] 项江涛.公共文化服务体系建设的文化效应与价值实现——以西藏

为例［J］.思想战线，2016（4）：79-81.

［117］张银侠.基于治理视域下的公共文化服务体系建设——对国家中部省份12县区公共文化服务建设现状的调研和思考［J］.学理论，2016（05）：166-167.

［118］李少惠.反弹琵琶：甘南藏语区公共文化服务优先发展战略构想［J］.兰州学刊，2016，(6)：174-178.

［119］孙掌印.我国公共文化服务体系研究前沿热点及其知识基础可视化分析［J］.图书馆建设，2016（9）：53-56.

［120］宋元武，徐双敏.国外农村公共文化服务供给实践与经验借鉴［J］.学习与实践，2016（11）：117-120.

［121］关桂霞.青海藏语区政府公共文化服务差距的调查研究［J］.青海民族大学学报，2017（2）：118-119.

［122］索南旺杰，关桂霞.论青海藏区公共文化产品特质及功能［J］.青海社会科学，2017（2）：43-45.

［123］关桂霞.青海藏区政府公共文化服务差距的调查研究［J］.青海民族大学学报，2017（2）：117-118.

［124］陈建.文化精准扶贫视阈下的政府公共文化服务堕距问题［J］.图书馆论坛，2017（3）：76-78.

［125］卢阳春.我国连片特困藏区公共服务有效供给及治理创新研究［J］.党政研究，2017（4）：123-127.

［126］韩兆柱，翟文康."新公共服务"研究综述［J］.燕山大学学报. 2017（1）：25.

［127］关桂霞.青海藏区公共文化产品和服务供给多元化模式探讨［J］.青海社会科学，2018（1）：26-35.

［128］李子，王超.西藏现代公共文化服务体系建设策略研究［J］.边疆经济与文化，2018（1）：50-51.

［129］陈叙.提升四川藏区公共文化服务体系建设路径的思考［J］.行政管理改革，2018（2）：44-47.

［130］贾琼.欠发达地区现代公共文化服务体系建设研究［J］.中华文化论坛，2018（3）：78-82.

［131］刘景会.供给侧视域下贫困地区基层公共文化服务体系建设研究——基于江西国家贫困县的调查［J］.黑河学刊，2018（3）：25，27.

[132] 柯平,彭亮.欠发达地区民族乡镇公共文化服务探索——以贵阳市乌当区新堡布依族乡为例[J].图书馆论坛,2018(5):15-17.

[133] 许继红,刘娅茹.中国特色公共文化服务体系的现代化进程研究[J].经济问题,2018(12):10-13.

[134] 吴江,申丽娟,魏勇.贫困地区公共文化服务均等化:政策演进、效能评价与提升路径[J].西南大学学报,2019(5):53-57.

[135] 曹树金,刘慧云,王雨.我国公共文化服务政策演进(2009-2018)[J].图书馆论坛,2019(9):40-46.

[136] 李少惠,王婷.我国公共文化服务政策的价值识别及演进逻辑[J].图书馆,2019(9):19-23.

[137] 毛伟,朱祥磊.新时代乡村公共文化服务供给体系的优化策略[J].云南行政学院学报,2020(2):167-169.

(三)报纸

[1] 朱维群.把推广普通话纳入扶贫攻坚战[N].贵州民族报,2017-09-15(A02).

[2] 樊一平.促进国家通用语言文字推广普及,铸牢民族共同体意识[N].文艺报,2020-05-27(003).

[3] 巴特尔.学习使用好国家通用语言文字是各民族的共同责任[N].中国民族报,2020-11-21.

[4] 陈彬斌,苏唯谦.公共文化服务体系:在新观念下演绎[N].中国文化报,2005-12-25.

[5] 申维辰.构建公共文化服务体系发展社会主义先进文化[N].光明日报,2005-12-30.

[6] 沈望舒.十大指标体系考量公共文化服务[N].北京日报,2007-06-05.

[7] 陈建一.改革——公共文化服务体系建设的助推器[N].中国文化报,2007-02-02.

[8] 沈泉生.公共文化服务重在社会效益[N].中国文化报.2010-07-01.

[9] 中共中央关于制定国民经济和社会发展第十二个五年规划的建议[N].人民日报,2010-10-18.

[10] 杨永恒.推动公共文化服务体系可持续发展[N].中国文化报,2010-12-02.

[11] 满却顿智.以创新型思维引跑藏区公共文化服务[N].中国文化报,

2015-02-06（003）.

［12］吴德星.整体性治理理论与实践启示［N］.学习时报，2017-11-27.

（四）电子文献

［1］苏峰.略论公共文化服务体系的构建.http：//www.ccniedu.com/bbs/2005-04-24）.

［2］玉树94%居民是藏民大多不懂汉语交流困难.凤凰网.2010-04-16.

［3］http：//news.ifeng.com/mainland/special/qinghaiyushudizhen/zuixin/201004/0416_ 9954_ 1605589.shtml.

［4］央视.新闻1+1.语言障碍成玉树地震救援较大障碍；玉树地震大救援.新浪网2010-4-16.

［5］http：//news.sina.com.cn/c/sd/2010-04-16/011920083596_ 2.shtml

［6］中国国家地理网.李栓做客BTV.天下天天谈-解读玉树抗震救灾（2）.2010.4.23.http：//news.dili360.com/dlsk/dlzh/2010/0423/27786.shtml.

［7］国家民委：500人民族语言翻译队伍随时赴玉树.腾讯网.2010-04-16.http：//news.com/a/20100416/002722.htm.

［8］人熟地熟当向导语言沟通当翻译——青海民兵预备役抗震救灾发挥特殊作用.国防部网站.2010-04-19.http：///news.mod.gov.cn/defense/2010-04/19/content_ 4147780.htm.

［9］藏汉语翻译志愿者服务教授玉树地震灾区.人民日报（海外版）.2010-04-19.中国新闻网.http：/www.chinanews.com/gn/news/2010/04-19/2233658.shtml.

［10］呼吸难沟通难：盘点玉树抗震救灾四大难题.中国新闻网.2010-04-24.http：//www.chinanews.com/gn/news/2010/04-24/2245676.shtml.

［11］玉树抗震救灾，凸显双语教学重要性.中国民族报.2010-04-30.中国西藏信息中心网站.http：//www.tibet.cn/news/szxw/201004/t20100430_ 572342.htm.

［12］回良玉在全国抗震救灾总结表彰大会上的讲话.中国共产党新闻网.2010-08-20.http：//cpe.people.com.cn/GB/64093/64387/12491748.html.

［13］王玉明，刘湘云.农村公共文化服务提供的多元复合模式［EB/OL］.［2013-09-20］.http：//www.docin.com/p-391904480.html.

［14］中共中央办公厅、国务院办公厅印发《关于加快构建现代公共文化服务体系的意见》（全文）［EB/OL］.［2015-12-15］.http：//www.gov.cn/

xinwen/2015-01/14/content_ 2804250. htm.

［15］为什么要推广国家通用语言文字？专家：背后是沉甸甸的文化自信. 中国语言文字. 2021-12-16. https：//article. xuexi. cn/articles/index. html? art_ id=24155578138967639&item_ id=24155578138967639&study_ style_ id=feeds_ default&t=1640113200867&showmenu=false&ref_ read_ id=92b90765-3379-4f68-907f-db51f9d98a75_ 1656229940267&pid=&ptype=-1&source=share&share_ to=wx_ single.

［16］推行和完善政府绩效管理，行政管理改革，2011. 8. 30 http：//www. chinadaily. com. cn/hqgj/jryw/2011-08-30/content_ 3644388. html.

［16］王玉明，刘湘云. 农村公共文化服务提供的多元复合模式［EB/OL］. ［2013-09-20］. http：//www. docin. com/p-391904480. html.

［17］绩效管理引领中国政府预算管理未来，财政部，2014. 6. 9 http：//finance. ifeng. com/a/20140609/12503555_ 0. shtml.

［18］中共中央办公厅、国务院办公厅印发《关于加快构建现代公共文化服务体系的意见》（全文）［EB/OL］. ［2015-12-15］. http：//www. gov. cn/xinwen/2015-01/14/content_ 2804250. htm.

［19］全国51. 2万个行政村全面实现"村村通宽带". https：//m. gmw. cn/baijia/2022-01/20/35462009. html.

［20］董李俊，高雪婷. 改革开放以来国家通用语言文字普及的政策演进. 9月理论_ 普通话. 2020-09-12. https：//www. sohu. com/a/417966567_ 498142.

（五）学位论文

［1］宋先龙. 我国西部地区基本公共文化服务均等化问题研究［D］. 浙江大学，2011.

［2］娜荷娅. 内蒙古基本公共文化服务均衡供给实现策略研究［D］. 大连理工大学，2013.

［3］刁海洋. 昆明市呈贡区公共文化服务建设研究［D］. 昆明理工大学，2018.

［4］王萌. 甘南藏区乡镇综合文化站服务效能提升研究［D］. 兰州大学，2018.